Cidade Tiradentes e Cohab
moradia popular na periferia de São Paulo – projetos e trajetórias
1960-1980

Cidade Tiradentes e Cohab
moradia popular na periferia de São Paulo – projetos e trajetórias
1960-1980

SIMONE LUCENA CORDEIRO

Copyright © 2013 Simone Lucena Cordeiro

Grafia atualizada segundo o Acordo Ortográfico da Língua Portuguesa de 1990, que entrou em vigor no Brasil em 2009.

Publishers: Joana Monteleone/ Haroldo Ceravolo Sereza/ Roberto Cosso
Edição: Joana Monteleone
Editor assistente: Vitor Rodrigo Donofrio Arruda
Projeto gráfico, capa e diagramação: Rogério Cantelli
Revisão: João Paulo Putini
Assistente de produção: Felipe Lima Bernardino
Imagens da capa: Acervo do Arquivo Público do Estado de São Paulo

CIP-BRASIL. CATALOGAÇÃO-NA-FONTE
SINDICATO NACIONAL DOS EDITORES DE LIVROS, RJ

C821c

Cordeiro, Simone Lucena
CIDADE TIRADENTES E COHAB: MORADIA POPULAR NA PERIFERIA
DE SÃO PAULO: PROJETOS E TRAJETÓRIAS: 1960-1980
Simone Lucena Cordeiro
São Paulo: Alameda, 2013
226p.

Inclui bibliografia
ISBN 978-85-7939-185-9

1. Política habitacional. 2. Habitação 3. Habitação popular.
4. Planejamento urbano. I. Título.

13-0443.   CDD: 363.5
                 CDU: 351.778.532
                                042303

ALAMEDA CASA EDITORIAL
Rua Conselheiro Ramalho, 694 – Bela Vista
CEP 01325-000 – São Paulo – SP
Tel. (11) 3012-2400
www.alamedaeditorial.com.br

Para Hilda dos Santos Frugoli
(*in memoriam*)

sumário

PREFÁCIO 9

INTRODUÇÃO 15

CAPÍTULO I — CIDADE TIRADENTES: SUBPREFEITURA NA PERIFERIA DA 27
"CIDADE QUE MAIS CRESCE NO MUNDO"

E a Cidade Tiradentes tornou-se subprefeitura: 29
localização político-administrativa e histórico demográfico

Cidade Tiradentes – uma periferia paulistana: localização socioespacial 47

CAPÍTULO II — REDESENHANDO SÃO PAULO: A COMPANHIA 63
METROPOLITANA DE HABITAÇÃO E A PERIFERIZAÇÃO NO
PLANEJAMENTO PAULISTANO

O lugar da Cohab no planejamento estratégico da cidade: 65
(nem) mais racional e (nem) mais humana

Cohab-SP: "organismo interposto" do Estado, onerando o trabalhador 87
e a municipalidade na reordenação da cidade

CAPÍTULO III — A CIDADE TIRADENTES "NASCE" NA SÃO PAULO: 115
MAIS HIERARQUIZADA E MAIS PERIFÉRICA

O "sonho" e a "realidade" de Carolina; 117
o "sonho" e a "realidade" na Cidade Tiradentes

"São Paulo precisa parar", mas a Cidade Tiradentes não para de crescer: 146
diferentes modos de projetar e construir a chamada moradia popular

CONSIDERAÇÕES FINAIS 175

ÍNDICES 183

BIBLIOGRAFIA, FONTES E ACERVOS 187

AGRADECIMENTOS 219

prefácio

Em vários momentos de suas histórias, as cidades passam pela construção e re-construção de identidades e territórios diferenciados. Penso que não deveríamos confundi-las com os discursos que as descrevem, pois é possível "arquitetar" cidades diferentes conforme acentuamos ou não determinadas dimensões.

Neste instigante livro, Simone Lucena Cordeiro constrói uma descrição da cidade de São Paulo que oferece visibilidade para aspectos, por vezes e aparentemente, "invisíveis" aos olhos dos que estão acostumados a verem a Pauliceia somente pela ótica de suas áreas centrais e/ou espaços considerados como representativos de sua modernidade e pujança. Com intensidade, a autora convida para conhecermos uma das periferias mais distantes do centro da cidade de São Paulo, nos conduzindo até a extremidade leste do município, onde fica localizada a Cidade Tiradentes.

Neste percurso, o livro lança luz sobre o surgimento do Conjunto Habitacional Cidade Tiradentes, na década de 1980, relacionando-o com as ações da Companhia Metropolitana de Habitação – Cohab, criada em 16/11/1965. O trabalho, que já tinha seu mérito por tratar de umas das espacialidades ainda pouco estudadas pela historiografia, ganha mais expressão ao discutir dimensões do projeto de moradia popular da Cohab que alterou partes significativas do município de São Paulo.

Surpreendem os números relativos à extensão daquela intervenção habitacional, ainda mais quando somados às transformações demográficas que ocorreram naquela espacialidade. De forma sempre crítica, a autora, manuseando diferentes dados sociais e urbanos, analisa que a criação das subprefeituras em 1º de agosto de 2002, particularmente a da Cidade Tiradentes, "não implicou necessariamente numa maior participação da população nas decisões públicas locais, nem produziu a melhoria das condições de vida e no atendimento das necessidades da população."

12   Simone Lucena Cordeiro

Aliás, é de se destacar o constante olhar perspicaz na interpretação das informações oficiais e não oficiais. A autora oferece a percepção das dificuldades enfrentadas pelos moradores da Cidade Tiradentes, geradas pela própria localização originária do projeto e pela ausência de infraestrutura urbana quando de sua criação.

Neste sentido, Simone Lucena Cordeiro assinala como o projeto da Cohab-Tiradentes também esteve vinculado a uma conjuntura de controle social sobre alguns dos espaços da cidade e, ao mesmo tempo, de "periferização" da moradia para parte da população pobre paulistana. Algumas das ações da Prefeitura Municipal de São Paulo, na ocasião, procuravam remover favelas, cortiços e moradores em situação de rua dos espaços centrais e/ou vistos como nobres. Esta análise é respaldada ainda na interpretação da própria lei que criou a Cohab no sentido de "planejar e executar programas de erradicação de favelas, cortiços e outras habitações inadequadas" (Lei Municipal 6.738, de 16/11/1965).

No segundo capítulo, dedicado ao levantamento e estudo de uma série de planejamentos urbanos e leis urbanísticas, o texto nos convida a refletir acerca dos projetos e aspirações de cidade, moradia popular e cidadania então existentes quando do surgimento da Cohab. Realizando uma intensa discussão destes planos, leis e suas possíveis intenções em suas três esferas (municipal, estadual e federal), a autora pondera que foi no sentido complementar, porém essencial, que se instituíram as orientações sobre habitação popular, conduzindo à "periferização, especialização e hierarquização de espaços e cidadãos". O estudo salienta que a edificação dos conjuntos residenciais da Cohab nas franjas distantes da cidade foi um elemento fundamental para a articulação da nova cidade que se desejava consolidar.

Esmiuçando o projeto de construção da habitação popular proposto pela Cohab em suas relações com as orientações do Banco Nacional da Habitação, o Fundo de Garantia, as construtoras e os fabricantes de material de construção, a autora assinala que ocorria uma mudança estrutural na forma de obtenção dos recursos. Os custos, a partir de então, seriam transferidos para o morador de baixa renda, e as despesas com a infraestrutura e serviços urbanos caberiam ao poder público.

A autora principia seu terceiro capítulo com a sensível narrativa de Carolina Maria de Jesus, em seu livro *Quarto de despejo*. Carolina, narrando suas vivências como moradora na favela do Canindé entre as décadas de 1950 e 1960, parece que serviu de inspiração e fio condutor para finalizar o presente trabalho. A leitura surpreende também pela maneira como diferentes fontes foram postas em diálogo, algo já presente em todo o livro. As fotografias presentes no primeiro capítulo aparecem, novamente, não como uma fonte para comprovar ponderações, mas em confabulações com outros documentos e com o próprio texto da autora, que ganha nuanças literárias sem perder o vigor historiográfico.

Analisando os discursos dos que estavam à frente do poder público e os números apresentados, o texto permite acompanhar os limites dos projetos e leis urbanas frente às demandas por moradia na cidade. Entretanto, Simone Lucena Cordeiro alerta que as dificuldades enfrentadas por parte da população de São Paulo não advinham unicamente "do crescimento populacional da cidade enquanto tal", mas sim do modo "de organização da produção e distribuição da riqueza".

Utilizando de um significativo repertório de fotografias, algumas tiradas por ela mesma, agora postas em diálogo com relatos de moradores, a autora discute as dimensões arquitetônica e urbanística das habitações na Cohab-Tiradentes. Neste diálogo surgem, por exemplo, os significados que possuem as escadas, os espaços externos e outras espacialidades em meio às edificações da Cohab. Como salienta Simone Lucena Cordeiro, mantendo sua análise sutil, "por falta de equipamentos de convívio internos e externos aos conjuntos, em muitas dessas construções as escadas tornaram-se os pontos de encontros daquela população, de brincadeira das crianças e, por vezes, de intrigas".

A autora também nos chama a atenção para observarmos nas fotos que a monotonia das edificações da Cohab é quebrada pela construção de outras formas de moradia. De acordo com suas análises, frente aos limites dos projetos de moradia, o caminho para muitos foi o de construir formas alternativas de habitação: autoconstrução em lotes irregulares nas proximidades dos conjuntos habitacionais, em ocupações, favelas e moradias precárias.

Neste contexto, o livro salienta que, para além dos projetos da chamada "política de habitação" paulistana, os moradores da Cidade Tiradentes cotidianamente estabeleceram e estabelecem modos de viver e habitar na cidade. A autora procura assim repensar as posturas que colocam aquela população numa condição de suposta passividade diante das iniciativas governamentais, da pobreza social e falta de infraestrutura urbana.

Simone Lucena Cordeiro reafirma que não recusa observar as difíceis condições de vida em que se encontrava grande parte da população da Cidade Tiradentes.

Aquela população, de acordo com a autora, criou vivências às vezes não aceitas pelos grupos que estão à frente do poder público. Constituíram territórios diferenciados e carregados de sociabilidades e culturas. Nesta direção, utilizando da documentação oficial e não oficial, a autora realizou um significativo estudo dialogando com dados e informações obtidas junto às fontes escritas, gráficas, estatísticas, cartográficas, orais e fotográficas. Considerou neste diálogo uma bibliografia qualificada que lhe permitiu um embasamento conceitual para nos apresentar a Cidade Tiradentes com seus conjuntos habitacionais da Cohab e, acima de tudo, com vivências diferenciadas.

Este estimulante livro deixa ao seu leitor importantes inquietações por lançar um olhar crítico acerca da formação de uma parte das políticas públicas de moradia popular constituídas pela Cohab, mas também nos instiga por permitir conhecer dimensões da história da Cidade Tiradentes e dos sujeitos que a constituíram. Lendo as páginas que se seguem, somos levados a ponderar que cada sujeito, individualmente e em seu grupo social, com sua maneira de refletir e experimentar suas vivências, constrói e reconstrói seus territórios e formas de habitar a cidade. Isso não exclui a ideia de que existam identidades coletivas, mas ressalta a possibilidade da diversidade e da diferenciação, constituindo memórias, identidades, vivências e territórios mesmo em situações adversas.

Carlos José Ferreira dos Santos
Universidade Estadual de Santa Cruz — Ilhéus/Bahia

introdução

Em 1960, a cidade de São Paulo possuía cerca de 3.667.899 habitantes. Dentro dela, reinava uma diversidade de construções populares cuja precariedade dos materiais empregados e dos serviços disponíveis contrastava com construções consideradas luxuosas e altamente confortáveis. Mesmo antes da vertiginosa verticalização da cidade, ocorrida na década de 1970, a capital paulista vivia gritantes contrastes e, sobretudo, um processo de expansão das áreas periféricas.

O bairro Cidade Tiradentes, localizado inicialmente no distrito de Guaianases, possuía 1.418 habitantes. No entanto, em 1980 atingiu o número de 8.603 habitantes. Essa data é importante por marcar o início da construção dos conjuntos habitacionais da Companhia Metropolitana de Habitação – Cohab – na região.[1]

Já em 1990, com a conclusão de grande parte da chamada Cohab-Tiradentes, a população daquele bairro chega ao número de 96.281 habitantes. E, em 1º de agosto de 2002, a Cidade Tiradentes tornou-se uma das subprefeituras paulistanas, instituída pela Lei n. 13.399, com uma população estimada em 190.657 habitantes. Finalmente, em 2008, o número estimado de habitantes daquela subprefeitura chegou a 248.762 pessoas.

Esse aumento da população na Cidade Tiradentes não é o principal fenômeno a ser estudado nessa pesquisa, mas é um dado fundamental para compreender parte da experiência histórica das habitações populares na cidade e naquele lugar. Ora, nos dias atuais, ao caminhar pelas ruas de São Paulo, é fácil perceber uma parte dessa história há

---

1   Estes dados populacionais e os que seguem foram obtidos junto ao Instituto Brasileiro de Geografia e Estatística (IBGE) – Censos Demográficos, 1950, 1960, 1970, 1980, 1990, 2000; às Sinopses Preliminares dos Censos Demográficos de 1950 e 1960; à Sempla/Dipro – Retroestimativas e Recomposição dos Distritos para os anos 1950, 1960 e 1970; e à própria subprefeitura da Cidade Tiradentes. Disponível em: <http://portal.prefeitura.sp.gov.br/subprefeitura/spct/dados/historico/0001>.

muito conhecida de crescimento vertiginoso e imensos contrastes materiais e culturais. No entanto, no nível cotidiano, ou no aspecto "miúdo" das percepções, a cidade se torna um conjunto extremamente heterogêneo de experiências habitacionais, resultantes de diferentes planos e intervenções imobiliárias.

Na verdade, entre as diferenciadas dimensões da metrópole paulistana, a moradia possui grande expressão na constituição do meio ambiente urbano, sobretudo porque constitui um dos fundamentos básicos na composição de toda e qualquer cidade, assim como uma parte significativa dos direitos à cidadania.[2]

A política habitacional adotada pelo poder público em suas esferas (municipal, estadual e federal) revela, em parte, esses conflitos e combinações. Os projetos de habitação e planos urbanísticos de ocupação do solo, particularmente no que diz respeito à moradia popular (até por envolver a maioria da população), contém discursos bastante sugestivos acerca das ambições e desejos que os inventaram.[3]

Apesar da existência de planos e organismos responsáveis pela construção de moradias, muitos moradores de São Paulo construíram (e ainda hoje constroem) habitações nem sempre bem aceitas pelo poder público, ou pelos interesses imobiliários particulares. Exemplo disso foram as construções feitas graças aos mutirões. E em alguns casos eram precárias, situadas em lotes considerados ilegais e irregulares. Além disso, há ainda

---

2 Entre os autores estudados para este trabalho que possibilitam compreender esta dupla importância da moradia, destacamos: BLAY; BONDUKI; CALDEIRA; CERTEAU; CHOAY; GROSTEIN; KOWARICK; LEFBVRE; LEPETIT; MARICATO; PASTERNAK; ROLNIK; SACHS; SAMPAIO; TASCHNER.

3 Para pensarmos no presente contexto das políticas públicas de moradia vale ponderar sobre os dados do *Balanço da Política Municipal de Habitação (2001-2003)*, realizado pelo Observatório dos Direitos do Cidadão a partir das informações do IBGE. Porém, salientamos que os números que seguem nesta nota e nas outras sobre a questão da moradia em São Paulo na atualidade são os dados mais recentes. A cidade, de acordo com o *Balanço*, "contava, em 2000, com uma população de 10.405.867 habitantes residindo em um total de 3.039.034 domicílios" (CARDOSO, 2004, p. 23). Conforme a Fundação João Pinheiro, seguindo os mesmos números, o déficit habitacional era então de 203,4 mil unidades. Entretanto, esta situação da habitação em São Paulo não derivou somente do crescimento populacional paulistano. De acordo com a mesma Fundação, em 2000, na cidade a estimativa de imóveis vagos (254 mil propriedades) era maior que a quantidade do déficit habitacional (203,4 mil unidades) (FUNDAÇÃO JOÃO PINHEIRO, 2005). Estes números, apesar de possíveis alterações, permitem ponderar uma situação de conflito de interesses entre os grupos sociais da cidade e que as soluções apresentadas para amenizar os chamados problemas habitacionais no município não foram suficientes, apesar dos discursos e iniciativas do poder público.

as construções que acabaram por integrar favelas, cortiços, ou ainda as ações que tomaram a forma de ocupações de prédios, terrenos e logradouros públicos e particulares.[4]

Ora, o espaço urbano, longe de ser neutro, passivo e a-histórico, está, tal como afirmou Lepetit, "repleto das formas passadas (normas, instituições, objetos), cujo sentido é renovado pelo uso presente" (2001, p. 179). A compreensão de Lepetit lembra as análises realizadas por Marc Bloch acerca da interação entre passado e presente. Segundo este historiador francês, "é tal a força da solidariedade das épocas, que os laços de inteligibilidade entre elas se tecem verdadeiramente nos dois sentidos" (1965, 42). Porém, como adverte Lepetit, "resta fazer um esforço para pensar em tal processo de maneira desmecanizada, sem se deixar enredar nos riscos simétricos da tirania das heranças e da liberdade dos usos" (2001, p. 179).[5]

Esta "solidariedade entre as épocas", quando pensada a partir da capital paulista, pode ser associada às análises da arquiteta Marta Dora Grostein. Segundo ela,

---

4   As diferenciadas formas de habitar a cidade na atualidade podem ser dimensionadas através das estimativas da FIPE relativas aos cortiços e publicadas em 1994: existiam então aproximadamente 23.688 cortiços, com 160.841 famílias e cerca de 595.110 moradores. Porém, conforme o Observatório dos Direitos do Cidadão, "não existe, aparentemente, um consenso referente à quantidade real de domicílios em cortiços no município", podendo o número ser maior (CARDOSO, 2004, p. 24). Já o Centro de Estudo da Metrópole-CEM/Cebrap, em conjunto com a Secretaria de Habitação e Desenvolvimento Urbano-Sehab, no estudo realizado em 2003, assinalou que 1.160.597 pessoas viviam nas 2.018 favelas da capital, com 286.954 domicílios. Ainda segundo os mesmos dados, "entre 1991 e 2000, a taxa de crescimento em favelas foi de 2,97% ao ano, enquanto a taxa de crescimento da população total de São Paulo foi de 0,9%". No período surgiram 464 novas favelas, apesar do desaparecimento de 334 núcleos desse tipo de moradia (Sehab/Cohab, 2003, p. 16). Quanto aos loteamentos considerados "irregulares" e "precários" em áreas destinadas à proteção ambiental e de risco, segundo os dados da Prefeitura, existiam "entre 2001 a 2003, cerca de 1.241 loteamentos, com 1.824.430 moradores" (CARDOSO, 2004, p. 26). Conforme a própria Sehab/Cohab, "17% do território do município está ocupado de loteamentos irregulares" (2003, p. 4). Os "moradores de rua", segundo a FIPE, em 2003, eram cerca de 10.399 pessoas: 4.213 nos espaços públicos e 6.186 em albergues. Porém, a FIPE esclarece: "embora os números sejam significativos, as estimativas apontavam um número ainda maior" (FIPE, 15/05/2007). O Dossiê do Fórum Centro Vivo, ao analisar estes dados considera que os "números mostram a existência de uma enorme demanda não atendida pelo mercado imobiliário privado nem pelos programas oficiais e públicos. Revela também que a produção habitacional nas últimas décadas não tem diminuído o déficit" (2006, p. 16).

5   Nesta interpretação, Lepetit parte da análise da obra *Memória coletiva* de Maurice Halbwachs (1990), além de discutir trabalhos de outros historiadores, especialmente franceses.

> a evolução do processo de urbanização, no contexto da cidade de São Paulo, pode ser explicada através da dinâmica que se estabelece entre as tentativas de controle institucionalizadas pelo Estado e a configuração espacial resultante de outras formas de determinação do urbano (as práticas sociais que se sobrepõem e/ou se contrapõem aos controles institucionais).

Desse modo, deve-se levar em conta o "papel desempenhado pelo assentamento habitacional da população de baixa renda na expansão da malha urbana do município e na consequente influência desta na configuração do processo de urbanização" através da história urbana da cidade (GROSTEIN, 1990, p. 34-35).

Fica perceptível, nas palavras da arquiteta, que o atual contexto da habitação popular em São Paulo faz parte de um processo histórico diversificado. A própria terminologia empregada (ilegais, irregulares, clandestino, favela, cortiço, ocupação) pelo poder público e por parte da imprensa para classificar as habitações fora de um suposto padrão considerado técnico, estético e juridicamente legal (ou sob controle) não é nova. No entanto, tal como sugere Lepetit, a interação entre temporalidades diferentes, também pode ser percebida em São Paulo:"elementos oriundos de diferentes épocas se acumulam em todo o seu espaço. Como por contágio, mesmo se não têm relações entre si na origem, encontram-se próximos uns dos outros, num mesmo presente que os mantêm coesos". Desse modo, o estudioso da história urbana propõe que "são as modalidades dessa 'coesão', no presente, o que precisamos tentar analisar" (LEPETIT, 2001, p. 179).[6]

Vários poderiam ser os recortes cronológicos, espaciais e temáticos sobre a cidade de São Paulo. Nesse estudo, o foco principal de análise escolhido é a produção da habitação popular entre a segunda metade da década de 1960 até o final da década de 1980, como uma época crucial. É da época também o início da construção e implantação (década de 1980) de um dos seus mais povoados conjuntos habitacionais daquela entidade, conhecido como Cohab-Tiradentes, localizada na Zona Leste paulistana.

---

6   O relator da Organização das Nações Unidas (ONU) para o Direito à Moradia Adequada, Miloon Kothari, durante visita a São Paulo, em maio de 2004, realizou uma análise que permite ponderamos como "o espaço social está repleto das formas passadas". Kothari, ao analisar a habitação na cidade, assinalou que a situação "é bastante séria e tem a ver com uma negligência histórica com a população mais vulnerável" (FÓRUM CENTRO VIVO, 2006, p. 16).

Um período marcado, portanto, por expressivas transformações urbanas e demográficas que atuaram sobre a configuração espacial da cidade e na constituição de sua população. É também a partir dessa época que muitos passaram a tratar a cidade tendo em vista a sua "periferização", associada à forte corrente de migração, especialmente nordestina. Para dimensionar o impacto social e urbano daquele crescimento demográfico, vale salientar que a população do município, que era de 3.667.899 habitantes em 1960, atingiu o número de 8.493.226 moradores em 1980. Um desenvolvimento demográfico, como será analisado no transcorrer deste trabalho, fortemente marcado pelo crescimento populacional na periferia da cidade.

Na mesma direção, acreditamos que, conforme as fontes levantadas e a bibliografia aqui estudada, nosso recorte cronológico e temático também se justifica, porque o período foi marcado pela forte presença da expansão do ideário do planejamento e pela constituição de vários Planos, Órgãos, Leis e Projetos Urbanísticos, particularmente relacionados à habitação popular. A documentação resultante deste processo, somada aos documentos relativos à habitação, incluindo os da Cohab, constituem algumas das fontes principais do presente trabalho.

Interessante observar que, justamente após a Segunda Guerra, em vários países ocidentais, "a crise habitacional, confessada e verificada, transforma-se em catástrofe e corre o risco de agravar a situação política ainda instável. O Estado, [...] através de organismos interpostos, toma a seu cargo a construção de habitações. Começa o período dos 'novos conjuntos' e das novas 'cidades'" (LEFEBVRE, 1969, p. 23).[7] Tendo em vista essa tendência geral, resta perguntar em que medida a cidade de São Paulo passou pelo processo descrito por Lefebvre.

O estudo dos problemas da habitação é o terreno de pesquisa dentro do qual esse estudo se insere. Por meio dele pode-se perceber o desenvolvimento urbano e populacional da cidade de São Paulo no período, particularmente na periferia leste, juntamente com as divergências e justificativas relacionadas ao ideário de cidade ambicionada. Nesta direção, interessou estudar o sentido arquitetônico, urbanístico e sociocultural

---

7   Sobre o tema destacamos ainda os seguintes autores: BLAY (1978); BONDUKI (1998; 2000; 2008); CALDEIRA (2003); CHOAY (1979; 1994; 1999); FELDMAN (2005); GITAHY (2002); GROSTEIN; (1987; 1990) KOWARICK (1970; 1979; 1994); MARICATO (1976; 1979; 1987; 1994; 1996); PASTERNAK & BALTRUSIS (2001); ROLNIK (1981; 1985; 1997a; 1997b; 1999) SACHS (1985; 1999); SAMPAIO (1981; 2002); TASCHNER (1976; 1990; 1997); VILLAÇA (1986; 1998).

contido nos planos habitacionais e urbanos daqueles (engenheiros, arquitetos, advogados, médicos, sociólogos, membros do poder público e empresariado) que estiveram à frente dos projetos e ações referentes à moradia.

Do mesmo modo, importou ainda perceber como a população constituiu sua habitação, uma vez que os objetivos explicitados nos planejamentos nem sempre são concretizados. Muitos se esgotam no momento de sua exposição. Pela leitura dos documentos percebemos que, ao longo do período estudado, em comparação às épocas anteriores, a cidade era pensada a partir de uma escala ampla de intervenções, acompanhadas por um forte discurso de planejamento local e regional. Diante disto, o Estado teria um papel fundamental.

Tentaremos, assim, compreender e discutir essa participação do Estado, sem necessariamente procurar respostas definitivas ou comprobatórias às questões previamente formuladas. Ou seja, nos interessou estudar como ocorriam e quais eram os interesses em relação à atuação do Estado quanto à moradia popular.

Daí as questões: quais seriam os objetivos e as formas da intervenção estatal no que diz respeito à moradia popular em São Paulo? O Estado, em suas esferas, estava movido pelas necessidades (ou desinteresse) do mercado imobiliário, controle social e/ou no sentido de fazer frente às necessidades de moradia dos "mais desmunidos de recursos"?[8]

Nesta direção, graças à documentação oficial (Projetos, Relatórios, Planejamentos, Legislação, Mapas, Censos, entre outros) e àquela não oficial (jornais, periódicos, fotografias, depoimentos, entre outros), procuramos realizar um estudo comparativo e analítico entre os dados levantados junto às fontes escritas, gráficas, estatísticas, cartográficas e fotográficas, considerando a bibliografia existente (livros, monografias, dissertações, teses, revistas e jornais).[9]

---

8 Expressão utilizada pela Secretaria de Economia e Planejamento do Governo do Estado de São Paulo no trabalho intitulado *Construção de moradias na periferia de São Paulo: aspectos sócio-econômicos e institucionais*, publicado pelo Governo do Estado, em 1979 (SEP/Emplasa/Urplan-USP, 1979, p. 15).

9 O principal acervo pesquisado foi o pertencente ao Arquivo Público do Estado, pela quantidade e qualidade da documentação. Porém, também efetuamos levantamentos junto aos seguintes acervos: Arquivo Municipal de São Paulo; Arquivo Geral de Processos do Município de São Paulo; Bibliotecas da Graduação e da Pós-Graduação da Faculdade de Arquitetura e Urbanismo da USP (FAU-USP); Biblioteca Central e de Engenharia Civil da Escola Politécnica da USP; Biblioteca da Escola de Sociologia e Política; Biblioteca Central da PUC-SP; Biblioteca de História e Geografia da USP; Biblioteca Municipal "Mario

Sobre as fotografias, plantas e mapas utilizados neste trabalho, acentuamos que não foram consideradas como provas ou exemplificações a partir de análises pré-estabelecidas. Procuramos, dessa maneira, construir um diálogo constante entre as diferentes informações dos documentos e da bibliografia estudada, cruzando, contrapondo e discutindo seus dados e análises. Parte da documentação em estudo permite ponderar o quanto é comum descrever a periferia como lugar da miséria, da falta de infraestrutura urbana, espaço da criminalidade, local de camadas perigosas da população.

A presente publicação é resultado das pesquisas desenvolvidas durante o curso de doutoramento apresentado a banca examinadora no Programa de Estudos e Pós-Graduação na Pontifícia Universidade de São Paulo, em 2009.

No entanto, este trabalho representa uma tentativa de apreender os modos pelos quais uma parcela da população paulistana consolidou, pelo "esforço próprio", diferenciadas formas de habitar a cidade. Isto é, a "experiência cotidiana" (THOMPSON, 1998) das camadas populares na construção de sua moradia revela muito do que significa a periferia leste da cidade de São Paulo.

Há também a tentativa de estudar procedimentos que viabilizavam parte da população para morar na cidade de São Paulo. Por conseguinte, interessa compreender: formas de captação de recursos; relações de compra, venda, troca e locação de terrenos e imóveis; modos de obtenção materiais de construção; e como ocorria a construção (mutirão ou isoladamente).

Alguns textos de Michel de Certeau inspiram os estudos aqui realizados, especialmente quando se trata de verificar diferentes formas de habitar a cidade, entendidas como "maneiras de fazer". Estas "constituem as mil práticas pelas quais usuários se reapropriam do espaço organizado pelas técnicas da produção sócio-cultural" (1994, p. 41). Desta forma, concordamos também com as análises de Pierre Bourdieu, ao destacar que "as diferentes posições que os grupos ocupam no espaço social correspondem a estilos

---

de Andrade"; Centro de Apoio à Pesquisa de História da USP; Cohab – Companhia Metropolitana de Habitação de São Paulo; Emplasa – Empresa Metropolitana de Planejamento da Grande São Paulo S.A; Seade – Fundação Sistema Estadual de Análise de Dados.

de vida, sistemas de diferenciação que são a retradução simbólica de diferenças objetivamente inscritas nas condições de existência" (1983, p. 82).[10]

Dividimos o livro em três capítulos que interagem. No primeiro capítulo objetivamos inicialmente realizar a localização político-administrativa, socioespacial e histórica da Cidade Tiradentes no contexto urbano e populacional paulistano, discutindo sua posição como uma das periferias municipais e atual subprefeitura da cidade. Neste momento o debate girou em torno da presente constituição espacial e social da região, considerando o seu desenvolvimento populacional e urbano, marcado pela migração, periferização, diferentes formas de habitação que se constituíram, inserções do poder público e pela aplicação ou não da legislação urbana-social existente. Neste sentido, analisamos os dados demográficos, índices sociais, fotografias, mapas e plantas da Cidade Tiradentes e do município, bem como a legislação quanto ao Estatuto da Cidade (Lei Federal n. 10.257, aprovada em 10 de julho de 2001), Lei Orgânica Municipal (de 4 de abril de 1990), a criação das subprefeituras paulistanas (Lei n. 13.399, de 1° de agosto de 2002) e promulgação do Plano Diretor Estratégico da Cidade (Lei n. 13.430, de 13 de setembro de 2002).

No segundo capítulo procuramos debater dimensões dos projetos e ambições sobre cidade, moradia popular desejada ("regular") e indesejada ("autoconstruções irregulares"), quando do surgimento da Cohab, acompanhando objetivos, ações propostas e dados estatísticos. Aqui o debate direcionou-se inicialmente à série de planejamentos urbanos e leis urbanísticas em curso e na participação do Estado, apreendendo divergências, justificativas e projetos, particularmente no que dizia respeito à habitação popular. O estudo comparativo entre as propostas com as iniciativas assinalou então para as fronteiras espaciais e sociais dessas proposições e intervenções frente ao déficit habitacional. Apontou também para os objetivos e a atuação sobre a cidade, bem como para qual seria o papel da Cohab, conduzindo à periferização, especialização e hierarquização de seus espaços e cidadãos.

O terceiro capítulo do trabalho direcionou-se para a discussão sobre a implementação da Cohab e os impactos sociais e espaciais ocorridos que conduziram o bairro

---

10 Além de Certeau e Bourdieu, consideramos também como fundamentais para estas perspectiva os seguintes autores: CANCLINI (1997); GEERTZ (1989); GINZBURG (1989); LEPETIT (2001); LEFEBVRE (1969a e 1969b); PERROT (1992); THOMPSON (1998); WILLIAMS (1969), entre outros.

Cidade Tiradentes a tornar-se um distrito e, atualmente, uma subprefeitura paulistana. Novamente analisamos o desenvolvimento populacional e urbano, a migração e a periferização do município. Nesse sentido, procuramos também discutir os significados arquitetônicos e urbanísticos das propostas de moradia popular, debatendo os interesses sociais e econômicos em relação à habitação social e a quais pessoas eram dirigidas. Ao mesmo tempo, colocando em diálogo o conjunto da documentação, buscamos compreender como uma parte da população paulistana continuou constituindo formas alternativas de habitação na cidade.

Dessa maneira, esperamos oferecer contribuições à história sociocultural da constituição dos espaços e seus agentes na cidade de São Paulo. Acreditamos que o estudo da moradia popular na periferia leste paulistana nas décadas de 1960-1970 é um dos elementos essenciais na constituição das "condições de existências" dos moradores de São Paulo. Vale frisar que pensamos a cidade de São Paulo como também composta por um conjunto heterogêneo de culturas que interagem e circulam.

Como escreve Ítalo Calvino (1990), acreditamos que a história de cidades como São Paulo é constituída por variadas percepções, presentes nos diversos usos, discursos, intervenções e imagens construídas através do tempo, fugindo por vezes das visões totalizantes e consagradas. Com essa postura estamos buscando evitar uma pura e simples dicotomia e/ou polarização entre as intervenções e seus agentes em relação àqueles a quem eram dirigidas.[11]

---

11 A ideia de cultura é assim aqui pensada próxima aos conceitos oferecidos por: GEERTZ (1989); THOMPSON (1998); e WILLIAMS (1979). O conceito de interatividade que trabalhamos é relativo à noção de inter-relação recíproca entre universos socioculturais e espaciais diferenciados, a partir da obra de E. P. Thompson (THOMPSON, 1981). Já o conceito de circularidade refere-se à maneira de Carlo Ginzburg (1989) analisar valores culturais que circulam em diferentes camadas sociais, em nosso caso, também em diferentes espacialidades.

capítulo 1

Cidade Tiradentes:
subprefeitura na periferia da
"cidade que mais cresce no mundo"

Isto aqui parece algo como Machu Picchu,
uma cidade perdida na selva.

Veja, 26 out. 1983

[...] foi um projeto errado, uma obra errada, construída em terreno também errado.

*Jacob Aron Corch – autor de parte dos projetos
do Conjunto Habitacional Santa Etelvina,
26 out. 1983*

E A CIDADE TIRADENTES TORNOU-SE SUBPREFEITURA:
LOCALIZAÇÃO POLÍTICO-ADMINISTRATIVA E HISTÓRICO DEMOGRÁFICO

A Cidade Tiradentes, quando da criação da Companhia Metropolitana de Habitação – Cohab – em 16 de novembro de 1965 (Lei Municipal n. 6.738), fazia parte do Distrito de Guaianases, como é possível visualizar no mapa ao lado, feito pela Secretaria de Economia e Planejamento do Governo do Estado de São Paulo, na década de 1960. Na planta observa-se que a Cidade Tiradentes (atualmente localizada no local assinalado pela seta preta na figura) não aparecia nem na distribuição dos distritos e subdistritos da divisão administrativa oficial do município.

Mapa 1 – Distritos e Subdistritos de São Paulo: 1964/1968

Fonte/Elaboração: Secretaria de Economia e Planejamento do Governo do Estado de São Paulo. Data: 1964.

Juergen Richard Langenbuch e Aroldo de Azevedo analisam em seus estudos que, inicialmente, Itaquera, Guaianases e a região da atual Cidade Tiradentes formavam o território do Antigo Aldeamento de São Miguel (do século XVII até meados do século XIX). A partir de 1840, esses espaços integraram a Freguesia da Penha de França. Já na segunda metade do século XIX, Itaquera e Guaianases constituíram-se como bairros do Distrito de São Miguel Paulista, até as décadas de 1930/1940 do século passado, quando obtiveram o "status" de distrito.[1]

Na década de 1960, ainda conforme o Mapa 1, Itaquera e Guaianases tornaram-se distritos paulistanos. São Paulo possuía naquela época 10 distritos e 48 subdistritos. Para o poder público (estadual e municipal) no período, a zona leste paulistana, além de Guaianases, era formada pelos distritos e subdistritos de Itaquera, São Miguel Paulista, Ermelino Matarazzo, Cangaíba, Penha de França, Vila Matilde, Vila Formosa, Vila Prudente, Tatuapé, Moóca, Belenzinho e Brás.[2]

Nos anos de 1970, o poder público, em conjunto com a Cohab, iniciou o processo de aquisição de uma gleba de terras situada na região, conhecida como Fazenda Santa Etelvina, até então constituída por trechos da Mata Atlântica e eucaliptos. A título de demonstração e para dimensionarmos esse processo, a Cohab, já em 1972, registrou em cartório um loteamento denominado Conjunto Habitacional de Guaianases. Este loteamento, conforme o registro que consta no 9º Cartório de Registro de Imóveis da Capital, estava "dividido em quatro grandes lotes: lote 1, com 24.372,00 m², lote 2, com 27.203,00 m², lote 3, com 29.110,00 m² e lote 4, com 34.564,00 m²". Segundo o registro do cartório, incluindo lotes individuais, ruas, acessos e reservas, a área total deste loteamento pertencente à Cohab seria de "208.967,80 m²" (9º Cartório de Registro de Imóveis. *Livro n. 8-G, Registro 173, Página 192*. São Paulo, 19 de dezembro de 1972).

O Memorial Descritivo da Companhia Metropolitana de Habitação de São Paulo para a utilização daquela área já estava pronto em 1971 e foi apresentado para a Prefeitura do Município de São Paulo em 12 de agosto de 1971. O Projeto de Loteamento, elaborado de forma técnica, visava "propiciar a execução de habitações

---

1 Além de Juergen Richard Langenbuch e Aroldo de Azevedo, foi importante a leitura dos trabalhos de Silvio Bomtempi (1969 e 1970) e das pesquisadoras Amália Inês de Lemos e Maria Cecília França (1999).

2 Além da Planta da Secretaria de Economia e Planejamento do Estado de São Paulo, as informações sobre a distribuição político-administrativa da cidade na década de 1960 foram obtidas junto à Emplasa (2001, p. 32).

de padrão essencialmente popular e que pudesse atender a uma faixa de habitantes de baixo poder aquisitivo, em especial aos atuais ocupantes de favelas". Ainda conforme o Memorial Descritivo:

> Dentro desse espírito, foi preliminarmente estabelecido um plano de retalhamento da área de terreno de 208.967,80 m² mediante a abertura de uma perimetral que envolve a área total, definindo quatro lotes em patamares distintos, reservando-se também áreas destinadas aos equipamentos urbanos. Companhia Metropolitana de Habitação – Cohab. Memorial Descritivo Apresentado à Prefeitura Municipal de São Paulo (Companhia Metropolitana de Habitação, 12 de agosto de 1971, folha 1).

A maior dessas intervenções habitacionais foi inaugurada em 1984 e recebeu a denominação de Conjunto Habitacional Cidade Tiradentes, com uma extensão aproximada de 15 quilômetros de edificações. Provavelmente em decorrência dessas dimensões e do número de moradores, o nome daquele conjunto de habitações serviu para denominar o próprio bairro fundado emblematicamente em 21 de abril de 1984, data cívica nacional em homenagem a Tiradentes.[3]

A fotografia aérea a seguir possibilita acompanhar as dimensões daquela intervenção inicial e as que ocorreram posteriormente, denominadas em seu conjunto como complexo Cidade Tiradentes. No centro da imagem, mais condensada pela quantidade de construções, aparece o conjunto habitacional originário, ampliado por outras intervenções anteriores e posteriores. Na mesma foto também é possível perceber no entorno do núcleo central a presença de outros conjuntos habitacionais e um adensamento entre essas áreas, apesar de ainda existirem territórios verdes com mata.

---

3   No sentido de dimensionar a Cidade Tiradentes, vale comparar com os indicadores do município de São Caetano do Sul, que compõe a Região Metropolitana de São Paulo. A área de São Caetano do Sul é considerada como de 15 quilômetros quadrados e sua população estimada em 144.857 habitantes em 2006. In: pmsc – Prefeitura Municipal de São Caetano. Disponível em: <http://www.saocaetanodosul.sp.gov.br/>.

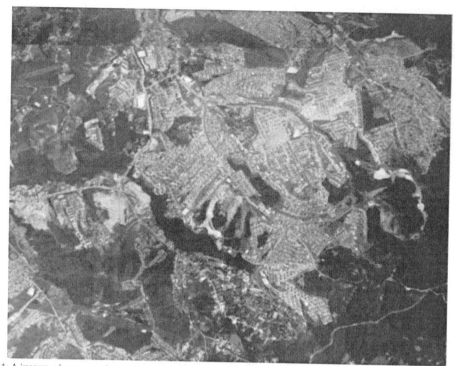

Foto 1: A imagem aérea apresenta em seu centro a área mais adensada do complexo habitacional da Cidade Tiradentes. Porém, aparecem também outros núcleos populacionais e ainda a presença de áreas verdes. Autoria/Acervo: LUME – Laboratório de Urbanismo da Metrópole. Data: 2004. Local: Cidade Tiradentes.

A planta a seguir, quando comparada com a foto anterior, permite dimensionar mais ainda o tamanho destas intervenções habitacionais no território da atual Subprefeitura Cidade Tiradentes. Olhando a foto e a planta é possível assinalar que quase toda a área daquele lugar é composta por conjuntos habitacionais. Ressaltamos, entretanto, que isto não significa a inexistência de outras formas de moradia e edificações na região, mas coloca em destaque a presença significativa das construções da Cohab.

Mapa 2 – Conjuntos Habitacionais da Cohab na Cidade Tiradentes – 2004

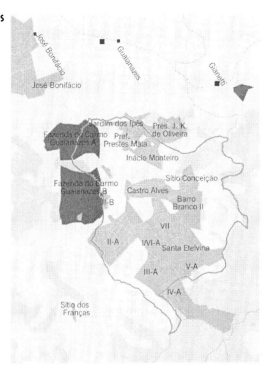

Fonte/Elaboração: LUME – Laboratório de Urbanismo da Metrópole. Data: 2004.

No mapa, a identificação dos conjuntos habitacionais da COHAB na Cidade Tiradentes aparece na cor clara em maior quantidade. A cor mais escura são os conjuntos do CDHU (Companhia de Desenvolvimento Habitacional e Urbano do Estado de São Paulo) minoritários naquela subprefeitura.

O mapa permite observar também, que a população daquela área não possuía, nas proximidades de suas residências, estação de trem e de metrô levando cerca de 40 minutos para locomoção. Os conjuntos da COHAB, localizados totalmente ou em parte na área administrativa da Subprefeitura da Cidade Tiradentes são os seguintes: Castro Alves, Barro Branco II, Sítio Conceição e Santa Etelvina (I-VIA, IIA, II-B1, II-B2, II-B3, II-B6, IIIA, IVA, VA e VII), Inácio Monteiro, Prestes Maia, Jardim dos Ipês. Para dimensionarmos a extensão espacial e social destes conjuntos, levantamos dados sobre todos eles, e os números ficaram próximos das estimativas oficias que apontam a população moradora nessas habitações como sendo em 172.905 pessoas, para o ano de 2008.

A título de demonstração das dimensões físicas e demográficas, destacamos os números relativos aos Conjuntos Habitacionais Barro Branco II e os denominados como Santa Etelvina. Os dados que seguem são para o ano de 2006.

- *Conjunto Habitacional Barro Branco II:* área de 780.074,00 m², localizada na Rua Antônio Míngües Lopes, possuindo como unidades habitacionais 660 apartamentos e 865 casas/embriões. População estimada em 14.245 habitantes.
- *Conjunto Habitacional Santa Etelvina I e VI-A:* área de 1.241.558,44 m², localizada na Avenida dos Metalúrgicos, possuindo como unidades habitacionais 3.760 apartamentos e 1.395 casas/embriões. População estimada em 25.775 habitantes.
- *Conjunto Habitacional Santa Etelvina II-A:* área do conjunto de 842.848,00 m², localizada na Avenida dos Metalúrgicos, possuindo como unidades habitacionais 7.024 apartamentos e 417 casas/embriões. População estimada em 37.205 habitantes.
- *Conjunto Habitacional Santa Etelvina II-B1:* área de 31.001,00 m², localizada na Estrada Circular x Estrada São Tiago, possuindo como unidades habitacionais 224 apartamentos. População estimada em 1.120 habitantes.
- *Conjunto Habitacional Santa Etelvina II-B2:* área de 74.664,00 m², localizada na Estrada do Iguatemi x Estrada Circular, possuindo como unidades habitacionais 768 apartamentos. População estimada em 3.840 habitantes.
- *Conjunto Habitacional Santa Etelvina II-B3:* área de 49.388,00 m², localizada na Estrada Circular x Estrada do Iguatemi, possuindo como unidades habitacionais 448 apartamentos. População estimada em 2.240 habitantes.
- *Conjunto Habitacional Santa Etelvina II-B6:* área de 74.670,00 m², localizada na Estrada Santo Inácio e Avenida Souza Ramos, possuindo como unidades habitacionais 1.040 apartamentos. População estimada em 5.200 habitantes.
- *Conjunto Habitacional Santa Etelvina III-A:* área de 323.538,11 m², localizada na Avenida dos Metalúrgicos, possuindo como unidades habitacionais 2.080 apartamentos. População estimada em 10.400 habitantes.

- *Conjunto Habitacional Santa Etelvina IV-A*: área de 1.002.508,00 m², localizada na Avenida dos Metalúrgicos e possuindo como unidades habitacionais 1.440 apartamentos e 1.263 casas/embriões. População estimada em 13.515 habitantes.
- *Conjunto Habitacional Santa Etelvina V-A*: área de 1.142.032,00 m², localizada na Avenida dos Metalúrgicos, possuindo como unidades habitacionais 936 apartamentos e 688 casas/embriões. População estimada em 8.120 habitantes.
- *Conjunto Habitacional Santa Etelvina VII*: área de 741.580,00 m², localizada na Avenida dos Têxteis, s/n., possuindo como unidades habitacionais 5.088 apartamentos, 154 casas/embriões e 856 lotes urbanizados. População estimada em 30.490 habitantes.[4]

Entretanto, a imagem aérea anterior e o mapa com os conjuntos habitacionais da Cohab não permitem com clareza a percepção de outras formas de edificações naquela região desde o início da construção da Cohab, na década de 1970 até a atualidade, como transparece nas duas fotografias a seguir. A primeira imagem é de 1971 e encontra-se anexa ao Processo n. 37.548/1971, de 4 de novembro de 1971, encaminhado pela Cohab à Prefeitura, solicitando isenção de impostos para suas construções referentes à futura Cohab-Tiradentes. A segunda fotografia é de nossa autoria e foi tirada no ano de 2008.[5]

---

4 Estas informações e as que seguem sobre os conjuntos habitacionais foram pesquisadas junto ao site da Subprefeitura da Cidade Tiradentes (http://portal.prefeitura.sp.gov.br/subprefeituras/spct); através do e-mail oficial daquela subprefeitura (tiradentes@prefeitura.sp.gov.br); a partir da documentação da Cohab, listada na parte dedicada às fontes e acervos; e nos levantamentos realizados pelo Laboratório de Urbanismo da Metrópole – LUME, 2001 e 2002.

5 A discussão acerca das diferentes formas de moradia na Cidade Tiradentes é tema do terceiro capítulo deste livro.

Foto 2: No plano elevado da imagem, visualizam-se edificações da Cohab. No plano abaixo, outra formas construídas de diferentes modos. Fonte: Foto anexa ao Processo n. 37.548/1971, de 4 de novembro de 1971. Autoria: Desconhecida. Acervo: Arquivo Geral de Processos do Município de São Paulo. Data: 1971. Local: Cidade Tiradentes – São Paulo.

Foto 3: No primeiro plano aparecem formas de construir moradia fora do padrão dos conjuntos habitacionais que aparecem ao fundo. Autoria/Acervo: Simone Lucena Cordeiro. Data: 2008. Local: Cidade Tiradentes – São Paulo.

Assim, pelas imagens percebemos que, além dos moradores dos conjuntos habitacionais, parte da população da Cidade Tiradentes mora em outros tipos de habitação. Em 2008, o número de moradores na Subprefeitura da Cidade Tiradentes era de 248.762 pessoas. Destes moradores, 172.905 residiam nos conjuntos habitacionais e cerca de 75.857 habitantes em outras formas de moradia.

A partir das décadas de 1970 e 1980, grande parte de Guaianases foi utilizada como espaço para a implantação dos conjuntos habitacionais da Cohab. Aquela área, entre as décadas de 1960 e 1970, vivenciou um expressivo crescimento demográfico, seguindo a expansão populacional de então para a periferia paulistana. O então bairro Cidade Tiradentes, de 599 habitantes em 1950, alcançou o número de 1.418 pessoas em 1960. Na década de 1970, a população daquele lugar era de 4.296 pessoas. Quando do início da construção da Cohab, na década de 1980, a população atingiu o número de 8.603 moradores. Em 1990, com a finalização da construção de muitas das edificações dos conjuntos habitacionais da Cohab, a população alcançou o total de 96.281 habitantes.

Com a construção dos conjuntos habitacionais na década de 1980, a fisionomia espacial e social daquela área transformou-se, surgindo a Cidade Tiradentes. Cerca de 38 anos após a primeira planta da década de 1960, apresentada no início deste capítulo, quando a Cidade Tiradentes ainda não aparecia na divisão administrativa oficial da cidade, aquele lugar foi instituído como uma das subprefeituras paulistanas, pela Lei n. 13.399, de 1º de agosto de 2002, que criou essas figuras políticas e administrativas.[6] Naquela data, a Cidade Tiradentes já era uma das localidades mais povoadas do município, com sua população estimada em 195.206 habitantes (SEMPLA/DIPRO, 2008).

Pelos dados que seguem, desde então a taxa e a estimativa de crescimento demográfico daquela subprefeitura manteve-se constante. De acordo com os números da Secretaria Municipal do Planejamento de São Paulo, entre 1991 e 2005 a Cidade Tiradentes (assim como Anhanguera, Perus, Parelheiros, Grajaú e Iguatemi) estava entre os lugares onde a taxa de crescimento populacional era a mais elevada da capital de São Paulo – "superior a 3,0% ao ano" (SEMPLA/DIPRO, 2009).

---

6   Segundo a Lei n. 13.399, "Art. 7º – Ficaram criadas no Município de São Paulo 31 (trinta e uma) subprefeituras, constituídas por distritos", tal como aparece na Planta 4, a seguir. As subprefeituras com seus respectivos distritos referentes ao espaço aqui em estudo, e seus arredores, são: Itaquera – Itaquera, Parque do Carmo, Cidade Líder e José Bonifácio; Guaianases – Guaianases e Lajeado; São Mateus – Iguatemi, São Mateus e São Rafael; Cidade Tiradentes – Cidade Tiradentes" (Lei n. 13.399, de 1º de agosto de 2002).

Simone Lucena Cordeiro

Quadro 1 – Evolução demográfica da subprefeitura da Cidade Tiradentes

Demografia	População	Ano
População recenseada	599	1950
	1.418	1960
	4.296	1970
	8.603	1980
	96.281	1991
	190.657	2000
População estimada	192.895	2001
	195.206	2002
	197.614	2003
	199.989	2004
	202.384	2005
	204.800	2006
	207.237	2007
	248.762	2008

Fonte/Elaboração: Sempla/Dipro e IBGE. Data: Os dados de 1950, 1960 e 1970 foram apresentados pelo IBGE e Sempla/Dipro como retroestimativas. Os números de 1980, 1991 e 2000 pertencem aos Censos Demográficos do IBGE. Já os dados de 2001 até 2008 são estimativas calculadas pela Sempla/Dipro, tendo com base o saldo vegetativo e taxa de crescimento.

Analisando os dados da Fundação Seade, entre os anos de 2000 a 2008 também se acompanha que o ritmo de crescimento da Cidade Tiradentes foi superior até mesmo ao da capital e da região metropolitana como um todo. Enquanto o ritmo de crescimento da cidade e da região metropolitana de São Paulo diminuiu para 0,56% ao ano, entre 2000-2008, os índices de crescimento da Cidade Tiradentes (assinalada no mapa a seguir com a seta preta) na média foi de 4,6%, ficando entre as regiões que apresentaram os maiores números, como se visualiza na imagem na sequência (SEADE, 2008).[7]

Comparando os Mapas 3 e 4, que seguem, com o Mapa 1, no início deste capítulo, é perceptível que o antigo distrito de Guaianases perdeu mais do que a metade de sua extensão quando da criação da Subprefeitura Cidade Tiradentes, indicada pela seta preta nas plantas.

Mapa 3 – Taxas de crescimento populacional
Distritos do município de São Paulo – 2000

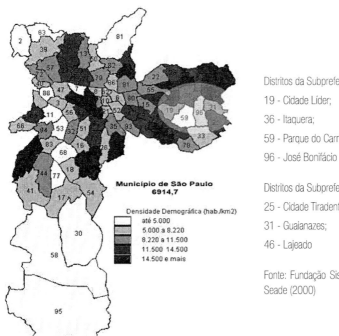

Distritos da Subprefeitura de Itaquera:

19 - Cidade Líder;

36 - Itaquera;

59 - Parque do Carmo;

96 - José Bonifácio

Distritos da Subprefeitura de Guaianazes:

25 - Cidade Tiradentes;

31 - Guaianazes;

46 - Lajeado

Fonte: Fundação Sistema Estadual de Análise de Dados – Seade (2000)

---

7 Entre os outros distritos com ritmo de crescimento em elevação, destacamos Anhanguera (7,9%) e Parelheiros (4,1%). Porém, o estudo da Fundação Seade (2008) também mostra que mais da metade dos 96 distritos de São Paulo apresentaram crescimento demográfico negativo.

O Mapa 4, na sequência, datado de 22 de julho de 2002, foi constituído logo após a aprovação dos limites das subprefeituras em 18 de julho de 2002 (SEMPLA, 2002). Como aparece na planta, as subprefeituras foram reunidas em nove zonas administrativas.

Segundo o site oficial da Prefeitura, essa divisão por zoneameto considerou a "localização geográfica e a história" do desenvolvimento de cada região (PMSP, 2009). Na nova distribuição das zonas administrativas municipais, a Subprefeitura da Cidade Tiradentes compôs a chamada Leste 2, constituindo a última região administrativa na área leste da cidade, em conjunto com as Subprefeituras de São Miguel, Itaim e Guaianases.

Cada subprefeitura paulistana, por sua vez, como aparece no Mapa 4 e segundo a Lei n. 13.399, ficou composta por distritos, e estes por bairros. A subprefeitura da Cidade Tiradentes foi constituída a partir e somente de um distrito com o mesmo nome. Aliás, a denominação Cidade Tiradentes também era a forma como ficou conhecido o primeiro grande conjunto habitacional da Cohab construído naquela área na década de 1980.

Novamente, colocando em diálogo as plantas 1 e 4, é perceptível ainda que, além da Cidade Tiradentes, outras subprefeituras surgiram em 2002 em áreas que não constavam como distritos ou subdistritos na planta da década de 1960. Na zona leste paulistana isso ocorreu com a criação da subprefeitura de São Mateus (área localizada na antiga região de Guaianases, Itaquera e Tatuapé), subprefeitura do Itaim (área localizada na antiga região de São Miguel Paulista) e subprefeitura do Aricanduva (área localizada na antiga região do Tatuapé).

Mapa 4 –
Subprefeituras do
município de
São Paulo – 2002

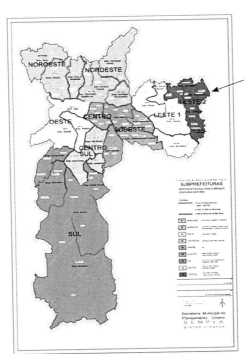

Fonte/Elaboração: Secretaria Municipal do Planejamento – Sempla, tendo como base as informações fornecidas pela então Secretaria de Implementação das Subprefeituras. Prefeitura Municipal de São Paulo. Data: 22 de julho de 2002.

Existem análises que apresentam essas alterações na organização administrativa paulistana e nas leis urbanas como somente e/ou preponderantemente decorrentes do desenvolvimento demográfico e urbano vivenciado pela cidade a partir das décadas de 1950-1960.[8] No entanto, acreditamos que esta perspectiva não considera outros

---

[8] A título de exemplo desta postura, salientamos algumas das análises de Manuelito Pereira Magalhães Júnior, Secretário Municipal de Planejamento da Prefeitura de São Paulo (2008), quando do lançamento da obra *Olhar São Paulo – Planejamento e Ação*, editada pela Sempla. Segundo Magalhães Júnior, "São Paulo é uma cidade cuja população quintuplicou em menos de sessenta anos, e onde a ocupação irregular e desordenada do território combinou-se à ausência de uma política pública de desenvolvimento urbano. Esses fatores foram determinantes para a existência de graves problemas, como a insuficiência de infraestrutura e de serviços básicos que devem ser ofertados pelo Estado. [...] Por outro lado, alguns instrumentos foram criados na tentativa de rompimento de um paradigma em que os responsáveis pela implementação das políticas públicas não agem com a responsabilidade necessária ao lidar com o erário. A Lei Complementar 101, de 2000 (Lei de Responsabilidade Fiscal – LRF), que estabelece normas de

elementos fundamentais presentes no momento da aprovação da lei das subprefeituras que são importantes para compreendê-las.

A título de demonstração desta análise, para isso voltando a comparar os Mapas 1 e 4, é perceptível que alguns subdistritos da zona leste, presentes na planta da década de 1960, não se constituíram como subprefeituras e foram incorporados por aquelas que, supostamente, já possuíam organização administrativa local mais estruturada e capazes de exercer uma centralidade operacional.[9] Alguns destes subdistritos não se constituíram como subprefeituras mesmo possuindo um desenvolvimento demográfico e urbano.

Na zona leste, este foi o caso de Cangaíba e Vila Matilde – áreas agrupadas à subprefeitura da Penha de França. O Cangaíba, de 34.742 pessoas em 1960, cresceu para 137.442 habitantes em 2000. Da mesma forma, a Vila Matilde, de 40.010 habitantes em 1960, evoluiu para 102.935 moradores em 2000. Estes dois espaços, pela proximidade socioespacial, foram agrupados à subprefeitura da Penha de França que, provavelmente, já tinha uma estrutura administrativa mais organizada. Por sua vez, a Penha, que possuiu um crescimento demográfico comparativamente menor, transformou-se em sede da subprefeitura naquela área: de 96.315 moradores em 1960, a população daquele distrito atingiu 124.292 habitantes em 2000.[10]

---

finanças públicas voltadas para a responsabilidade na gestão fiscal, e a Lei Federal n. 10.257, de 2001 (Estatuto das Cidades), que estabelece diretrizes gerais da política urbana, buscam guiar as ações do administrador público conforme certos princípios a fim de maximizar os resultados que podem ser alcançados no curto, médio e longo prazos" (MAGALHÃES JÚNIOR, 2008).

9 Sobre o reaproveitamento das antigas Administrações Regionais, a Lei que criou as subprefeituras diz o seguinte: "Art. 13: I – conduzir o processo para implantação da nova estrutura, com o aproveitamento dos cargos e funções existentes nas atuais Administrações Regionais e Secretarias Municipais, mediante seu remanejamento e alteração de nomenclatura, visando às adaptações necessárias à total implantação do novo modelo organizacional [...]; Art. 13: VII – adotar os procedimentos necessários para que as atuais estruturas das Administrações Regionais, com suas atribuições, recursos humanos e materiais, sejam absorvidas, pelas Subprefeituras, a partir da vigência desta lei [...]; Art. 17: Parágrafo único – Os cargos em comissão correspondentes, atualmente existentes na estrutura das Secretarias Municipais e nas Administrações Regionais, serão remanejados e aproveitados na composição da estrutura organizacional das Subprefeituras" (Lei n. 13.399, de 1º de agosto de 2002).

10 Os dados populacionais foram obtidos junto ao IBGE – Censos Demográficos, 1950, 1960, 1970, 1980, 1991, 2000; Sinopses Preliminares dos Censos Demográficos de 1950 e 1960; Sempla/Dipro – Retroestimativas e Recomposição dos Distritos para os anos 1950, 1960 e 1970; e junto à própria

Assim, as subprefeituras não surgiram somente como decorrência da evolução demográfica da cidade de São Paulo. Salientamos que não é nosso objetivo estudar a história das modificações nas políticas urbanas no Brasil. Porém, vale apresentar algumas ponderações sobre estas transformações no sentido de compreender suas implicações na localização socioespacial e histórica da Cidade Tiradentes no contexto político-administrativo e urbano paulistano.

Neste sentido, o reaproveitamento das antigas administrações regionais, assim como o surgimento das subprefeituras – como a da Cidade Tiradentes, de acordo com a Lei n. 13.399 – tenderiam a superar a forma como ocorria a atuação daqueles órgãos administrativos, considerados, por alguns, como "obsoletos".[11] Em tese, as subprefeituras permitiriam uma democratização da participação da população nas decisões administrativas municipais, incluindo as orçamentárias e o acesso a equipamentos sociais (escolas, creches, hospitais, pavimentação, iluminação, saneamento, transporte).

As subprefeituras, conforme a lei previa, seriam mecanismos fundamentais para a descentralização e a democratização administrativa da gestão da cidade e de seus recursos, pois até então não eram priorizadas as áreas mais periféricas. Pela Lei n. 13.399, ocorreria uma "transferência gradual de órgãos e funções da Administração Direta Municipal" para as subprefeituras, tendo como finalidade "instituir mecanismos" que democratizassem a "gestão pública" e fortalecessem as "formas participativas em âmbito regional", tais como o "orçamento participativo" (Lei n. 13.399, de 1° de agosto de 2002).

Além disso, lendo os estudos de autores como Ermínia Maricato, Raquel Rolnik, Nabil Bonduki e acompanhando as transformações na legislação urbanística brasileira e paulistana, é possível compreender a criação das subprefeituras – entre elas a da Cidade

---

subprefeitura da Cidade Tiradentes. Disponível em: <http://portal.prefeitura.sp.gov.br/subprefeituras/spct/dados/historico/0001)>.

11 De acordo com Nilson Hernandes, em colaboração ao Movimento Nossa São Paulo, em um artigo publicado em 04/11/2008, "diante da grandeza, se fez necessária a descentralização da administração municipal, com a promulgação da Lei 13.399/02, que criou 31 subprefeituras para substituir as obsoletas administrações regionais" (HERNANDES, [online]). Sobre o assunto também lemos: BONDUKI (1998); DEÁK & SCHIFFER (1999); GITAHY & PEREIRA (2002, p. 35-51); GROSTEIN (1987 E 1990); MARICATO (1996); ROLNIK (1997); TEIXEIRA & TATAGIBA (2005).

Tiradentes – como também inclusa na trajetória pela reforma urbana no Brasil.[12] Os princípios da descentralização e democratização administrativa presentes na lei das subprefeituras paulistanas constam igualmente dos artigos 182 e 183 da Constituição Federal (promulgada em 5 de outubro de 1988), em seu capítulo que trata da política urbana. A própria Lei Orgânica Municipal, de 4 de abril de 1990, promulgada durante a Administração da Prefeita Luíza Erundina (1989-1993), já continha estes princípios ao apontar para a criação das subprefeituras e assinalava em seu artigo 77 que "a administração municipal seria exercida, em nível local, através de Subprefeituras, na forma estabelecida em lei, que definiria suas atribuições, número e limites territoriais, bem como as competências e o processo de escolha do Subprefeito" (Lei Orgânica Municipal, de 4 de abril de 1990).

Do mesmo modo, as mesmas diretrizes de descentralização e democratização fazem parte do Estatuto da Cidade (Lei Federal n. 10.257, aprovada em 10 de julho de 2001), que regulamentou os artigos 182 e 183 da Constituição. Esta lei estabeleceu fundamentos conceituais e legislativos gerais da política urbana para os municípios brasileiros e orientou a constituição dos Planos Diretores das Cidades, como foi o caso do plano aprovado para São Paulo (Lei n. 13.430) em 13 de setembro de 2002.[13]

---

12 De acordo com Ermínia Maricato e João Sette Whitaker Ferreira, é possível mesmo recuar mais no tempo para acompanharmos esta trajetória das alterações na política urbana no Brasil. Segundo os dois estudiosos, esse percurso foi iniciado "já em 1963", quando "o Seminário Nacional de Habitação e Reforma Urbana se propôs a buscar caminhos para parametrizar o crescimento das cidades que começava a se delinear. [...] A partir da metade dos anos 70, os excluídos do 'milagre brasileiro' começam a se mobilizar em torno da questão urbana, multiplicando os movimentos de reivindicação pela regularização dos loteamentos clandestinos, por creches, por infraestrutura nas favelas, etc." (WHITAKER & MARICATO, 2001, p. 7-14). Entretanto, salientamos que não é nosso objetivo estudar as história das modificações nas políticas urbanas no Brasil e sim realizar a localização socioespacial e histórica da Cidade Tiradentes no contexto político-administrativo e urbano paulistano.

13 Segundo o Estatuto da Cidade em seu "Capítulo I – Diretrizes Gerais – Art. 1º [...] Parágrafo único. Para todos os efeitos, esta Lei, denominada Estatuto da Cidade, estabelece normas de ordem pública e interesse social que regulam o uso da propriedade urbana em prol do bem coletivo, da segurança e do bem-estar dos cidadãos, bem como do equilíbrio ambiental; Art. 2º. A política urbana tem por objetivo ordenar o pleno desenvolvimento das funções sociais da cidade e da propriedade urbana, mediante as seguintes diretrizes gerais: [...] II – gestão democrática por meio da participação da população e de associações representativas dos vários segmentos da comunidade na formulação, execução e acompanhamento de

Assim, é possível pensar a constituição das subprefeituras, incluindo a da Cidade Tiradentes, como parte deste trajeto de reconceituação da administração e das políticas urbanas das cidades brasileiras, visando descentralizar e democratizar a participação da sociedade na administração do município, na distribuição do orçamento municipal, dos equipamentos públicos e da estrutura urbana. Ou seja, citando Henri Lefebvre (1969), as transformações na organização administrativa paulistana, de certa forma, poderiam materializar o "direito à cidade".[14]

Porém, acreditamos que é necessário um constante processo de avaliação acerca da aplicação da legislação sobre as cidades e da continuidade das políticas públicas propostas. Como assinala Raquel Rolnik no livro *A cidade e a lei*, analisando a "ruptura" representada pela gestão da prefeita Luíza Erundina (1989-1993), no sentido da "priorização das políticas públicas nas áreas sociais (habitação, saúde, educação e transporte), e quanto à participação popular" nas decisões e elaboração do novo plano diretor do município: "Esses princípios e os instrumentos necessários para sua implementação foram lançados. O quanto serão incorporados na ordem jurídico-urbanística que rege a cidade, só a história dirá (ROLNIK, 1997, p. 210).

De certa maneira, as ponderações de Rolnik, publicadas no livro de 1997, parecem válidas na análise quanto à aplicação da lei que criou as subprefeituras. A partir de 2005, o funcionamento completo da Lei n. 13.881 de 2004 encontrou-se emperrado. O Ministério Público Estadual entrou com uma ação questionando a constitucionalidade da forma como foi apresentada a lei em relação à criação dos Conselhos de

---

planos, programas e projetos de desenvolvimento urbano" (Lei n. 10.257, de 10 de julho de 2001. Estatuto da Cidade). Da mesma forma, o novo Plano Diretor Estratégico de São Paulo (Lei n. 13.430, de 13 de setembro de 2002), tendo como redator e coordenador do substitutivo aprovado o então vereador Nabil Bonduki, salientava a necessidade de implementar a "função social da propriedade urbana" e a "participação da população nos processos de decisão, planejamento e gestão" (Lei n. 13.430, de 13 de setembro de 2002).

14 Sobre a elaboração do Plano Diretor da Cidade, Raquel Rolnik analisa o seguinte: "os encarregados de elaborar, por obrigação constitucional, um novo plano diretor para a cidade, os planejadores urbanos imaginaram ser possível construir, através de um amplo processo de discussão política na cidade, envolvendo os atores que produzem e disputam o espaço urbano, uma nova regra do jogo. [...] Esses novos conceitos rompiam com a lógica dos pobres-para-fora e ricos-no-sudoeste e com a criação dos bairros-dormitórios e bairros-empregos – grandes responsáveis pelos desastres ambientais da cidade e buscavam construir uma cidade segregada" (1997, p. 209-210).

Representantes, essenciais para a participação popular nas decisões das subprefeituras. Por sua vez, o Tribunal de Justiça de São Paulo, por força de liminar, também questionou a constitucionalidade da criação e o funcionamento dos Conselhos de Representantes nas subprefeituras. Jorge Kayano, especialista em saúde pública e um dos pesquisadores do Instituto Polis, assinala que

> as subprefeituras são, hoje [a entrevista foi publicada em 4/11/2008], apenas uma espécie de zeladoria, sem força administrativa, da mesma maneira como eram as Administrações Regionais do passado. Os orçamentos da Saúde e da Educação, por exemplo, voltaram a ser centralizados nas pastas setoriais, não mais pulverizados entre todas as 31 subprefeituras, como prevê a lei que as criou (HERNANDES, 2008).

Lendo as palavras de Kayano é possível lembrar-se das ponderações de Henri Lefebvre (1969): "a cidade não é apenas uma linguagem, mas uma prática", onde diferentes grupos fazem valer seus interesses transformando a legislação e oferecendo-lhe no cotidiano outra dinâmica. Por isso mesmo, acreditamos que para localizar socioespacialmente a Cidade Tiradentes é necessário analisar sua condição como subprefeitura a partir das práticas geradas após a nova legislação urbana da cidade.

Compreendemos que a cidade é constituída por grupos sociais com interesses e atuações diferenciadas. Sujeitos sociais que historicamente possuíam a hegemonia sobre o poder público local, com práticas enraizadas de intervenção sobre o urbano e que, por vezes, resistiam às alterações apresentadas, como permite ponderar as análises de Bernard Lepetit. Segundo este autor:

> quando um grupo toma posse do território, transforma-o à sua imagem – o espaço ratifica relações sociais – e, ao mesmo tempo, é pressionado pela própria materialidade de sua criação, à qual acaba obedecendo: ele se fecha no interior do quadro que construiu (2001, p. 147).

Como também analisa Henri Lefebvre, as cidades são palcos da "disputa" na constituição de seus espaços e na administração da mesma.[15] Disputas que envolvem a recriação das diferentes partes da cidade, de acordo com as culturas nela desenvolvidas.

---

15 Além de Lefebvre (1969), sobre esta abordagem conceitual também nos referimos a BONDUKI (1998; 2000); BRESCIANI (1991; 1993; 2001); BOURDIEU (1983); CALDEIRA (2000); CALVINO (1990); CASTELLS (2000); CERTEAU (1994); CHOAY (1979; 1994; 1999); FOUCAULT (1983); KOWARICK (1988); ROLNIK (1997).

Na nossa análise sobre a Cidade Tiradentes, conforme os dados sociais e urbanos que seguem as mudanças de *status* administrativo, com a criação da subprefeitura não houve necessariamente maior participação da população nas decisões públicas locais. Do mesmo modo, é possível questionar a melhoria das condições de vida e no atendimento das necessidades da população naquelas áreas, tais como saúde, educação, segurança, transporte, lazer, cultura, esporte e saneamento.

CIDADE TIRADENTES – UMA PERIFERIA PAULISTANA: LOCALIZAÇÃO SOCIOESPACIAL

Situada na extremidade da zona leste paulistana, conforme demonstram as plantas anteriores, a área pertencente à Subprefeitura Cidade Tiradentes faz fronteira com o Município de Ferraz de Vasconcelos (leste) e com as Subprefeituras de Guaianases (norte), Itaquera (oeste) e São Mateus (sul). Constituindo a chamada Zona Leste 2 (veja o Mapa 3), a Cidade Tiradentes está localizada a cerca de 30 quilômetros da Praça da Sé, marco zero da capital.

De acordo com as informações que constam da página eletrônica da subprefeitura local, um morador daquele lugar, utilizando transporte coletivo (ônibus) em direção à Praça da Sé, leva "em média cerca de 3 horas" para chegar ao seu destino. Porém, mesmo o percurso entre os bairros da Subprefeitura Cidade Tiradentes em direção aos núcleos centrais dos bairros mais antigos e estruturados urbanisticamente na própria Zona Leste (São Miguel Paulista, Penha de França, Itaquera e Guaianases) é dificultado. A título de demonstração, uma "viagem" da Cidade Tiradentes até São Miguel Paulista (também localizada na zona leste) demora aproximadamente "1h40 ou até 2h, dependendo do horário". O itinerário da Cidade Tiradentes para o bairro da Penha (zona leste) "leva cerca de 1h30".[16]

---

16 As considerações sobre localização, distâncias, formas de transporte, qualidade/quantidade das "conduções" e estimativas quanto à duração das viagens foram obtidas junto ao site da Subprefeitura da Cidade Tiradentes (http://portal.prefeitura.sp.gov.br/subprefeituras/spct); através do e-mail oficial daquela

Foto 4: Ao fundo as construções da Cohab na Cidade Tiradentes. No primeiro plano são visíveis as péssimas condições de pavimentação das ruas naquele lugar. Autoria/Acervo: Simone Lucena Cordeiro. Data: 2008. Local: Cidade Tiradentes – São Paulo.

Além da distância, existe a insuficiência de transporte público e a péssima qualidade das vias, o que dificulta o acesso a algumas das áreas daquela subprefeitura. Comparando as duas imagens a seguir, fotografadas com uma diferença de 37 anos, é possível visualizar que as difíceis condições das vias existentes na Cidade Tiradentes constituem uma situação constante na história daquele espaço e uma das razões para a demora nas viagens.

Foto 5: Fotografia exposta no Memorial Descritivo da Cohab, apresentado para a Prefeitura do Município de São Paulo em 12 de agosto de 1971. Autoria: desconhecida. Acervo: Arquivo Geral de Processos do Município de São Paulo. Data: 1971. Local: Guaianases – São Paulo.

O próprio Memorial Descritivo da Cohab, apresentado para a Prefeitura do Município de São Paulo em 12 de agosto de 1971, no sentido da realização do loteamento e construção dos conjuntos habitacionais naquela área, permite assinalar a pouca atenção oferecida à locomoção da população. No Memorial não existe nenhuma menção em relação à infraestrutura para o transporte da população moradora. Em relação

---

subprefeitura (tiradentes@prefeitura.sp.gov.br); e na documentação da Cohab listada neste trabalho na parte dedicada às fontes e acervos.

às vias, o Memorial é sucinto e pouco esclarecedor quanto à quantidade e ao material utilizado. De acordo com o texto apresentado, o arruamento seria:

> [...] constituído de traçado de uma rua perimetral com 16m de largura, que envolve a área do Conjunto, ligando-o pela Estrada Municipal a Guaianases (três km); Rua Perimetral: será dotada de guias, sarjetas e terá seu leito compacto e estabilizado (Companhia Metropolitana de Habitação, 12 de agosto de 1971, folhas 2 e 3).

Lendo este trecho do Memorial e comparando com as fotos, percebe-se que a infraestrtura para o transporte da população local não fazia mesmo parte das prioridades daquelas construções. Porém, analisando o mesmo documento, fica claro que não era somente a ausência da infraestrutura para o transporte a única lacuna. O projeto não apresentava indicações para a construção de hospitais, escolas, espaços de cultura e áreas de lazer. Tudo leva a crer que o projeto pressupunha uma ideia de cidade na qual o fundamental limitava-se à edificação das residências separadas dos recursos que garantissem a vida dentro das mesmas.

Em 1983, o então secretário de Habitação e Desenvolvimento Urbano da Prefeitura de São Paulo, Arnaldo Madeira, visitando o Conjunto Habitacional Santa Etelvina (localizado na atual Cidade Tiradentes) para iniciar a construção das ruas e avenidas locais naquela área, em entrevista à *Veja*, constatava esta falta de infraestrutura na região. Lendo a matéria, fica clara a falta de estrutura básica e o isolamento da área, pois "não havia vias de acesso a Santa Etelvina [Cidade Tiradentes], e só era possível alcançar o local a bordo de valentes jipes, caminhões e tratores". Madeira chegava a dizer: "Isto aqui parece algo como Machu Picchu, uma cidade perdida na selva".[17]

Até o autor de parte dos projetos arquitetônicos do Conjunto Habitacional Santa Etelvina, Jacob Aron Corch, admitiu o equívoco daquela construção. Segundo ele, na mesma matéria da *Veja* em 1983: "foi um projeto errado, uma obra errada, construída em terreno também errado". De acordo com Corch, mesmo sabendo e avisando sobre as dificuldades, foi obrigado a realizar o projeto em decorrência das ordens do então presidente da Cohab, José Celestino Burroul.

---

17 Os trechos citados foram extraídos da revista *Veja* e possuem a seguinte referência: "Vila fantasma – conjunto habitacional perdido na selva". *Veja*, São Paulo, 26 out. 1983, p. 72.

As dificuldades às quais se refere Corch diziam respeito à localização dos conjuntos, suas condições ambientais e do terreno. Conforme a matéria da *Veja*, o Santa Etelvina foi "plantado nas vertentes da Serra do Mar":

> Especialmente acidentada, Santa Etelvina exigiu, para nascer, obras que desafiaram os manuais de engenharia e, em certos casos, a lei da gravidade. Aterraram-se vales de 30 metros de profundidade e esculpiram-se centenas de morrotes, sem maiores cuidados para evitar-se a ação erosiva das chuvas.

Como consequências destas intervenções e dando sequência à matéria, que vale ser lida observando-se as duas fotos anteriores, era constatado o seguinte:

> O BNH, que financia a construção [refere-se à construção dos conjuntos habitacionais], vai amargar um repasse de 500 milhões de cruzeiros à Cohab, apenas para cobrir os prejuízos causados pelas chuvas deste ano [1983], que agredira o terreno, levando, morro abaixo, ruas, encanamentos e até as escadas de algumas casas.

Porém, apesar da matéria da revista ser de 1983, os problemas infraestruturais da Cidade Tiradentes continuam na atualidade. Para dificultar mais ainda o acesso àquela região, soma-se a este quadro passado e presente das condições do terreno, a falta de transporte coletivo. De acordo com as informações presentes na página eletrônica da Subprefeitura Cidade Tiradentes, a população da região era atendida até 2007 por apenas uma empresa de ônibus, denominada "Himalaia".

Quanto ao metrô e o trem, os moradores locais "demoram cerca de 40 minutos" de viagem até as estações destas formas de transporte, porque as "mais próximas ficam distantes" da Cidade Tiradentes. Este é o caso das estações Corinthians-Itaquera (metrô) e a de Guaianases (trem), algo que transparece no Mapa 2 (Conjuntos Habitacionais da Cohab na Cidade Tiradentes – 2004), apresentado anteriormente.

Segundo o ex-prefeito de São Paulo Gilberto Kassab, em entrevista publicada no site da Prefeitura no dia 11 de março de 2009, a situação do transporte naquele lugar iria começar a mudar, porque "agora, definitivamente, o Expresso Tiradentes caminha para a Cidade Tiradentes". Este expresso é um corredor exclusivo de ônibus que promete ligar Cidade Tiradentes ao centro de São Paulo em 35 minutos. Porém, os moradores daquele lugar terão que aguardar porque, conforme o próprio prefeito na mesma entrevista, o Expresso só iria alcançar plenamente a Cidade Tiradentes no "fim da atual administração", iniciada em 2009, e que terminará em 2013 (PMSP, 11 de março de 2009).

Quanto a outras formas de transporte (metrô e trem), provavelmente não fazem parte das previsões do poder público para a região. Segundo o Jornal *Folha de São Paulo*, analisando a demanda por transporte coletivo na região, a construção do Expresso Tiradentes é insuficiente: "metrô no extremo leste [refere-se à Cidade Tiradentes] nem pensar. Os moradores da região terão de se contentar com o Fura-Fila (rebatizado de Expresso Tiradentes)" (SPINELLI, 2008).[18]

Lendo as fontes levantadas (Lei de criação da Cohab, Processos Administrativos e os Memoriais Descritivos), a distância onde ficaria localizada a Cidade Tiradentes foi um dos elementos que atraíram a própria Cohab em construir seus conjuntos habitacionais naquela região. Isto, em parte, explica-se pelo baixo custo do terreno e de seu loteamento no lugar, apesar da falta de infraestrutra. A justificativa da Cohab para esta postura é que os custos teriam de ser baratos porque o objetivo era, de acordo com a lei que criou a Companhia Metropolitana de Habitação, "tornar acessível às classe de menor renda a aquisição ou construção da casa própria" (Lei Municipal 6.738, de 16 de novembro de 1965).

Porém, a mesma lei criando a Cohab permite ponderar que esta ação de construir moradias para a população de "baixa renda" em lugares distantes das áreas centrais da cidade também estava vinculada a um contexto de remoção de favelas, cortiços e moradores em situação de rua. Isto fica claro neste outro trecho da Lei Municipal 6.738, de 16 de novembro de 1965, tratando das finalidades da Cohab: "planejar e executar programas de erradicação de favelas, cortiços e outras habitações inadequadas" (Lei Municipal 6.738, de 16 de novembro de 1965).

Contribui com esta análise algumas das ações da Prefeitura Municipal de São Paulo em conjunto com a Cohab, em 2000, buscando colocar em prática a "Operação Limpeza". O objetivo daquela intervenção era remover moradores em situação de rua

---

18 No dia 10 de maio de 2008, segundo o Boletim Informativo da Frente de Luta por Moradia – FLM, os moradores da Região da Cidade Tiradentes e São Mateus, em conjunto com o Movimento Sem-Teto pela Reforma Urbana – MSTRU e a FLM, realizaram "pelas ruas de Sapopemba" uma "marcha" para "forçar" o governo a estender o metrô até a região (FLM, 2008).

do centro de São Paulo para a Cidade Tiradentes.[19] Segundo o secretário de Governo da época, Arnaldo Faria de Sá, com apoio do presidente da Cohab, Paulo Cesar Tagliavini, em matéria publicada no Jornal *Folha de São Paulo*, a finalidade era construir em "40 dias um conjunto habitacional com casas de um cômodo, paredes de compensado de madeira e teto de fibrocimento (chapa longa e ondulada, feita de uma espécie de composto de cimento)". As construções teriam "20 metros quadrados (banheiro e um cômodo) em lotes de 70 metros quadrados". Seriam construídas "3.000 casas no conjunto Santa Etelvina 4, Cidade Tiradentes, e outras 400 em São Mateus".

É perceptível a precariedade das construções que seriam realizadas. Porém, provavelmente, a justificativa para isto, de acordo com Sá e Tagliavini, era a quem se destinavam as moradias: "moradores expulsos [...] dos viadutos do Cebolão (zona oeste) e os desabrigados das favelas Morro do Urubu e Paraguai (ambas na zona sudeste), incendiadas recentemente". Vale destacar que os moradores destas habitações teriam que pagar pela moradia da seguinte forma: "os moradores terão de comprar as casas com prestações médias de R$ 36 mensais, em 15 anos. Ou alugar, com opção de compra, por R$ 20".

Contrapondo a foto na sequência com a proposta de moradia apresentada durante a "Operação Limpeza", percebe-se que seus propósitos não constituíam uma novidade. A fotografia, datada da década de 1970, mostra um conjunto de casas padronizadas que se assemelham ao estilo de moradia apresentado por Sá e Tagliavini. Apesar da foto não oferecer a localização exata, olhando a paisagem do entorno das construções percebe-se que é um lugar distante das áreas urbanizadas paulistanas.

---

19 Os trechos citados foram extraídos do jornal *Folha de São Paulo* e possuem a seguinte referência: MARIA, Estanislau. "Operação Limpeza". *Folha de São Paulo*, 1º ago. 2000. Disponível em: <http://www1.folha. uol.com.br/fsp/cotidian/ff0108200029.htm>.

Cidade Tiradentes e Cohab 53

Foto 6: Casas padronizadas construídas numa das periferias paulistanas

Autoria: Desconhecida. Acervo: Arquivo Público do Estado de São Paulo. Data: Década de 1970. Local: Cidade de São Paulo.

Quanto à infraestrutura para os novos habitantes da Cidade Tiradentes, a "Operação Limpeza" seguiria o padrão de precariedade adotado na construção das casas e, da mesma forma, presente nos projetos iniciais da Cohab e em seu Memorial Descritivo de 1971. Conforme explicava o Jornal *Folha de São Paulo*: "a obra não prevê novos hospitais, escolas, áreas de lazer e nem linhas de ônibus. [...] As ruas serão de terra" (FSP, 01/08/2000).

Assim, comparando os propósitos apresentados na lei de criação da Cohab, na forma como foram construídos alguns dos conjuntos habitacionais na Cidade Tiradentes e na ação realizada na "Operação Limpeza", transparece a falta de prioridade com a infraestrura urbana e social nos projetos de moradia — uma situação típica das periferias paulistanas. Entretanto, também se apreende a construção da Cohab-Tiradentes inclusa num contexto de controle social sobre os espaços da cidade e de periferização da moradia para parte da população pobre de São Paulo.[20]

Pensando sobre a ausência de preocupações relativas à infraestrutura, vale analisar os dados mais recentes (2006-2008) apresentados pela própria prefeitura. Neles transparecem os resultados atuais desta omissão. Além das dificuldades para locomoção, os moradores sofrem com a falta de equipamentos na área da saúde, educação, cultura, esporte e lazer.

Os dados a seguir, entretanto, devem ser analisados observando que a população, somente daquela subprefeitura para o ano de 2008, estava prevista em 248.762 moradores, conforme as estimativas oficiais da Prefeitura Municipal de São Paulo (veja o Quadro 1 — Evolução Demográfica da Subprefeitura da Cidade Tiradentes: 1950-2008).[21]

De acordo com os números da Secretaria Municipal da Saúde (2007-2008), a população da Cidade Tiradentes possuía apenas: 1 Hospital, 1 Pronto Atendimento, 1 Centro de Atenção à Saúde Sexual Reprodutiva, 1 Centro de Testagem e Acompanhamento DST/AIDS, 2 postos de Assistência Médica Ambulatorial (AMA) e 12 Unidades Básicas de Saúde (UBS). Porém, alguns destes equipamentos, como é o caso do hospital, funcionando parcialmente, segundo a própria Prefeitura Municipal.

---

20 Quanto ao contexto de controle social, iremos discuti-lo no segundo e terceiro capítulos.

21 As informações a seguir sobre os equipamentos urbanos e sociais na Cidade Tiradentes foram obtidas junto à Sempla/Dipro. *Infocidade*. São Paulo, 2008; *Município em mapas: cultura e território*. São Paulo, 2007; *Município em mapas: índices sociais*. São Paulo, 2007.

Mapa 5 – Exclusão/Inclusão Social – 2002

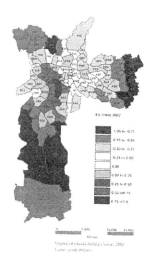

Fonte elaboração: Sposati, 2001; Secretaria de Habitação e Desenvolvimento Urbano – Sehab e Sempla. Data 2002.

Quanto à educação e seus estabelecimentos, os dados fornecidos partiram das informações apresentadas pelo MEC/Inep em seu Censo Escolar de 2006. Na Cidade Tiradentes existiam 28 estabelecimentos com matrículas em creche, 46 estabelecimentos com matrículas em pré-escola, 33 estabelecimentos com matrículas em ensino fundamental de 1ª a 4ª séries, 31 estabelecimentos com matrículas em ensino fundamental de 5ª a 8ª séries, 13 estabelecimentos com matrículas em ensino médio, 6 estabelecimentos com matrículas em educação de jovens e adultos de 1ª a 4ª séries, 12 estabelecimentos com matrículas em educação de jovens e adultos de 5ª a 8ª séries, 8 estabelecimentos com matrículas em educação de jovens e adultos no ensino médio, 2 Centros Educacionais Unificados – CEUs, nenhum estabelecimento com matrículas em educação especial, nenhum estabelecimento com matrículas em educação profissional, nenhum estabelecimento com matrículas em ensino superior.

No que diz respeito aos equipamentos culturais públicos, naquela subprefeitura só existia uma Biblioteca Municipal, em 2006, nenhum centro cultural, nenhuma casa de cultura e nenhum espaço cultural. Os equipamentos esportivos somavam um total de 7, todos de pequeno e médio porte e sem a existência de Clubes Esportivos, segundo os dados da Secretaria Municipal de Esportes, Lazer e Recreação/SME.[22]

A este quadro de precária infraestrutura urbana e social somam-se os dados socio-culturais da população local. De acordo com as informações da Secretaria Municipal do Desenvolvimento, Trabalho e Solidariedade – SDTS, a Cidade Tiradentes está entre os Distritos que possuem os mais baixos Índices de Desenvolvimento Humano – IDH, na média abaixo de 0,430.[23]

No *Mapa da Exclusão/Inclusão Social – Distritos do Município de São Paulo referente ao ano de 2002*, a Cidade Tiradentes é marcada pela presença dos três índices mais baixos de inclusão social: -0,80, -0,90 e -1,0. Aquela subprefeitura, conforme o Mapa 5, forma a área da exclusão/inclusão paulistana.[24] Nesta direção, vale ponderar que o rendimento nominal

---

22 Observamos que estas informações foram obtidas junto às publicações do Sempla/Dipro. Porém, de acordo com o site oficial da Subprefeitura da Cidade de Tiradentes, acessado em 2008: "a prefeitura realizou uma série de ações para mudar o perfil do local. Entre as melhorias destacam-se a entrega do Hospital Cidade Tiradentes, CEU Água Azul, calçadas novas, Ecopontos, praças, criação do Parque da Ciência e Parque da Consciência Negra. Na área de lazer e cultura estão em funcionamento quatro Pontos de Leitura (clubes: JK e André Vital, Parque do Rodeio e Casa da Fazenda), Festivais de Música Canta Cidade Tiradentes, Festival Gospel e Trânsito Livre de Dança" (SUBPREFEITURA DA CIDADE TI-RADENTES, 2008). Porém, mesmo considerando estas "melhorias", é sempre importante ter presente o contingente populacional daquela subprefeitura, estimado em 248.762 pessoas para 2008. Isto permite ponderarmos ainda a precariedade da presença dos equipamentos públicos na região.

23 O IDH mais alto da cidade gira em torno de 0,884 e fica nas regiões mais estruturadas urbanísticas e socialmente. De acordo com a publicação *Município em mapas: índices sociais*, da Sempla/Dipro, o IDH "é um índice amplamente utilizado para aferir o nível de desenvolvimento econômico e social de diferen-tes países e permitir comparações entre eles. É construído a partir de três componentes básicos: renda, longevidade e educação. [...] No caso da cidade de São Paulo, o cálculo do IDH intramunicipal levou em consideração as seguintes variáveis para cada um de seus 96 distritos: rendimento do chefe da família, em face da ausência de base segura para o calculo do PIB per capita por distrito municipal; taxa de mortalida-de infantil, em substituição à esperança de vida ao nascer; taxa de alfabetização combinada com a média de anos de estudos, ambas referentes ao chefe da família, em lugar de matrículas por nível de ensino e taxa de alfabetização de adultos" (SEMPLA/DIPRO, 2007, índice 1.1.)

24 As áreas com maior índice de inclusão ficam em torno de 1,00. Conforme explica a Secretaria Municipal do Planejamento, o Mapa da Exclusão/Inclusão Social "hierarquiza as regiões de uma cidade quanto ao grau de exclusão/inclusão social. Esses índices vinculam as condições de vida da população ao território em que vive. A exclusão e a inclusão social são necessariamente interdependentes, na medida em que só existe a exclusão a partir de uma dada situação de inclusão". Os números que apresentamos aqui partem,

médio do responsável pelo domicílio na Cidade Tiradentes, em 2004, era um dos mais baixos, ficando em média no valor de 975,91 reais por mês (SEMPLA/DIPRO, 2007).

Assim, analisando os dados atuais e a documentação relativa à construção da Cohab-Tiradentes, fica clara a ausência da infraestrutura social e urbana, bem como a precária condição social de sua população. Salientamos que nossa compreensão em relação a esta ausência de estrutura urbano-social é uma característica típica das periferias de São Paulo. É neste sentido que também compreendemos a Cidade Tiradentes como uma periferia paulistana.

Além da distância em relação às áreas mais centrais, em nossa leitura, nesta definição, é necessário considerar a falta de infraestrutura da área e as formas de vivência da população. Assim, concordamos com a definição de periferia, apresentada por Yvonne Mautner:

> Em São Paulo, periferia tem um significado específico. Reflete a visão dual que o senso comum atribui ao espaço urbano. Geograficamente significa as franjas da cidade. Para a sociologia urbana, o local onde moram os pobres, em contraposição à parte central da cidade, estruturada. Existem exceções, é claro, empreendimentos imobiliários de luxo que também podem ser encontrados nos limites, assim como cortiços nas áreas centrais – porém jamais seriam identificados como "periferia" (1999 p. 253).

Nesta leitura, somadas à definição espacial, ganham importância as dimensões socioeconômicas – a periferia como um dos espaços da pobreza. Do mesmo modo, acreditamos também na necessidade de uma definição sociocultural daqueles espaços – a periferia composta por territórios constituídos pelas formas como a população procura fazer frente à falta de infraestrutura urbana e social, tornando-se uma das características marcantes na constituição dos espaços na Cidade Tiradentes (tema do terceiro capítulo).

Uma definição que se aproxima dessa perspectiva sobre o conceito de periferia é apresentada por José de Souza Martins. Em depoimento à revista *Espaço & Debates*,

---

segundo o Sempla, de um "referencial da utopia de inclusão social. É uma construção qualitativa medida por meio de quatro dimensões: autonomia, qualidade de vida, desenvolvimento humano e equidade, sendo cada uma delas resultado da agregação de um conjunto de indicadores" (SEMPLA/DIPRO, 2002).

sobre os conceitos subúrbio e periferia, o sociólogo esclarece que é preciso estabelecer o sentido das palavras, acentuando as características de ambas:

> [n]o subúrbio, mesmo na fase já alcançada pela industrialização e pelos loteamentos de terrenos para moradias operárias, os lotes eram grandes, as casas tinham espaço para o grande quintal, um remanescente do rural que permanecia no urbano [...] A periferia já é o produto da especulação imobiliária, ruas estreitas, calçadas estreitas, falta de praças, terrenos minúsculos, casas ocupando, na precariedade de seus cômodos, todo o reduzido espaço disponível para construção, falta de plantas [...] (MARTINS, 1981, p. 75).

Para Martins, subúrbio e periferia são espacialidades diferenciadas. Entretanto, pensamos que em alguns espaços periféricos, além das características apresentadas pelo sociólogo, é preciso considerar a forte presença dos conjuntos habitacionais, particularmente os da Cohab, como é o caso da Cidade Tiradentes. Parte da periferia paulistana constituiu-se num período mais recente da história urbana paulistana, especialmente a partir das décadas de 1950-1960, segundo os pesquisadores do Centro de Brasileiro de Análise e Planejamento – Cebrap (CAMARGO, 1975, p. 37).

Cabe ainda realçar que, por vezes, os conceitos de periferia se assemelham ao de favela. No entanto, existem favelas que compõem o quadro socioespacial da periferia. Assim, teríamos favelas centrais e favelas periféricas.

Na Cidade Tiradentes, segundo os dados do Sempla/Dipro, a partir dos números levantados pela Secretaria de Habitação e Desenvolvimento Urbano de São Paulo – Sehab/Habi, em 2008 existiam 13 favelas naquela região, correspondendo a 0,64% das favelas da cidade. Segundo estas mesmas fontes, naquela subprefeitura, em 2000, a área de favela seria de 257.078,32 m², com 1.417 domicílios e 5.873 moradores. Comparativamente, naquele mesmo ano a cidade possuía uma área de favela estimada em 30.624.227,28 m², com 286.952 domicílios e 1.160.590 moradores (SEMPLA/DIPRO, 2008 e SEHAB/HABI, 2008).

Porém, por vezes, as mesmas definições utilizadas para o termo periferia são também empregadas no termo favela. Estamos evitando uma definição fixa dessas duas espacialidades, apesar de considerá-las. Acreditamos que antes de questionarmos a veracidade dos conceitos deveríamos pensar que por vezes são empregados já vislumbrando sua utilidade.

A título de demonstração, é comum encontrarmos definições de favela como "agrupamentos de casas populares sem planejamento urbanístico"; já certos geólogos poderiam classificá-la como um "grupo de habitações construídas sobre terreno instável"; assim como os sociólogos talvez destacassem a ideia de exclusão e definiriam favela como "conjuntos de habitações de grupo sócio-economicamente excluído".[25]

De acordo com o relatório *Situação mundial das cidades* 2006/2007, do Programa da Organização das Nações Unidas para Assentamentos Humanos, comentado pelo jornal *O Estado de São Paulo*, "favela seriam assentamentos humanos em áreas urbanas nos quais mais da metade dos habitantes vive em casas inadequadas e onde faltam serviços básicos".[26] De acordo com o jornal, a partir do relatório analisado, consideram-se características de favelização os seguintes elementos:

> 1) casas com estrutura provisória, como barracos de madeira e palafitas, ou construídas em área de risco;
> 2) espaço insuficiente para o número de moradores (quando mais de três pessoas dividem o mesmo cômodo);
> 3) sem água tratada, sem rede de esgoto;
> 4) quando moradores não têm a posse definitiva do imóvel e correm risco de despejo (OESP, 17 jun. 2006).

Lendo tais definições é possível encontrarmos semelhanças entre as definições de favela com a de periferia. Alberto Passos Guimarães, no livro *Classes perigosas*, ao apresentar definições possíveis de favela reforça essa análise da semelhança conceitual com os conceitos que encontramos em relação à periferia. Segundo Guimarães (1981, p 19):

> As favelas, como de resto todas as comunidades pobres ou populares, são aglomerados heterogêneos, como têm mostrado os censos demográficos que são os levantamentos universais mais completos, dentre os praticados até agora.

---

25 Aqui estamos pensando nas análises de Marc Bloch, quando assinala: "Em boa verdade, consciente ou não, são sempre as nossas experiências quotidianas que, em última análise, vamos buscar, dando-lhes, onde forem necessários, os matizes de novas tintas, os elementos que nos servem para a reconstituição do passado [...]" (BLOCH, 1974, p. 43-44).

26 Segundo matéria do jornal, o Relatório foi apresentado durante o Fórum Mundial Urbano, em Vancouver-Canadá.

1. Grupos sociais formados de migrantes rurais ou urbanos, presentes no local durante períodos de tempo variáveis;
2. Pessoas nascidas no local, de diferentes idades, níveis de instrução, profissão, níveis de renda em geral baixos, mais diversificados;
3. Camponeses, artesãos, trabalhadores da construção civil, trabalhadores subempregados de diversas ocupações, como biscateiros, lavadores de carro e vários outros;
4. Pequenos comerciantes fixos e ambulantes, funcionários de empresas ou repartições públicas;
5. Empregados no comércio, em instituição financeira e empresas de serviços diversos;
6. Operários fabris. E também pessoas de profissão não identificadas ou sem profissão, ex-trabalhadores, contraventores, traficantes, contrabandistas, ladrões, assaltantes e outros classificados no lumpemproletariado, cuja presença, aliás, não é uma exclusividade das comunidades pobres

Realçamos que tais definições, bem como as do Programa da Organização das Nações Unidas para Assentamentos Humanos, também poderiam ser encontradas quando das descrições feitas sobre a periferia paulistana e a Cidade Tiradentes, especialmente em relação à sua população e falta de infraestrutura. Como demonstração vale comparar a diferenciação feita entre periferia e subúrbio por José de Sousa Martins com as definições acima de favela e a que apresentamos a seguir, obtida junto ao *Boletim Técnico da Escola Politécnica da* USP – Departamento de Engenharia de Construção Civil:

> O termo favela, com o passar dos tempos, tem apresentado mudanças, as quais acompanham quase sempre a evolução da situação sócio-econômica de seus moradores.
>
> A definição mais apropriada para favela, nos dias atuais, seria: assentamento habitacional espontâneo, localizado em área pública ou particular, de forma ilegal em relação à propriedade do solo e cujas edificações encontram-se em desacordo com as leis de uso e ocupação do solo, independentemente do número de unidades habitacionais existentes e das tipologias construtivas dos domicílios (ALMEIDA, 2000, p. 28).

Este estudo parte da relatividade dos conceitos ao invés de considerá-los de forma absoluta. Destacamos novamente que não desejamos com isso negar a validade dos mesmos. Partimos do quadro conceitual existente, porém, acreditamos que é necessário apreendermos seus limites.

Pensamos que os conceitos são recortes epistemológicos relativos a valores que orientam ações. Ou seja, por vezes, a conceituação do arquiteto-urbanista-engenheiro relaciona a falta de planejamento urbanístico à necessidade de sua atuação na regularização urbana e arquitetônica. Da mesma forma, o conceito do geólogo pode revelar o desejo de sua atuação no sentido de estabilizar o solo. Assim como a definição do sociólogo pode revelar a necessidade de sua atuação no sentido da inclusão social.

As duas imagens na sequência, tiradas em momentos diferentes da formação da Cidade Tiradentes, permitem assinalar a nossa dificuldade de trabalhar com um conceito fechado na definição do tipo de moradia existente naquela região e as diferentes formas de moradia na periferia paulistana, bem como suas possíveis relações de vizinhas ou não – tema do terceiro capítulo, como salientamos anteriormente. Nas duas imagens visualiza-se ao fundo os conjuntos habitacionais. No primeiro plano aparecem construções diferenciadas dos padrões determinados pelas Cohab. Da mesma forma, é possível observar que, dependendo do conceito de favela aplicado, além dos oficiais, tais construções poderiam ou não ser apresentadas como favelas.

Foto 7: Ao fundo as construções da Cohab na Cidade Tiradentes. No primeiro plano visualizam-se construções diferenciadas dos padrões determinados pelas Cohab, além da falta de pavimentação das ruas. Autoria: Desconhecida. Fonte: Fotografia anexa ao Processo n. 37.548/1971 de 4 de novembro de 1971. Acervo: Arquivo Geral de processos do Município de São Paulo. Data: 1971. Local: Cidade Tiradentes – São Paulo.

Foto 8: Da mesma forma que na foto anterior, ao fundo as edificações da Cohab-Tiradentes. No primeiro plano visualizam-se construções diferenciadas dos padrões determinados pelas Cohab, além da falta de pavimentação das ruas. Autoria/Acervo: Simone Lucena Cordeiro. Data: 2008. Local: Cidade Tiradentes.

Analisando as fotos acima, é pertinente considerarmos as ponderações da geógrafa Priscilla Masson, componente da equipe técnica da Empresa Paulista de Planejamento Metropolitano – Emplasa, quando observa que "os conceitos de favela e periferia foram mudando e, hoje, não dá para 'chutar' em que momento exato a periferia deixa de ser periferia", tornando-se favela (SCHROEDER, 2007, p. 36).

Não estamos com isso desconsiderando as informações fornecidas pela Prefeitura paulistana acerca da existência de favelas na Cidade Tiradentes e os conceitos acerca da definição das mesmas, mas ponderando que esse é um elemento a mais na caracterização daquela área, somado a outras características fundamentais, tais como a distância em relação às regiões estruturadas urbanisticamente, a precariedade da infraestrutura existente e as maneiras como a população constrói sua forma de viver e de morar na região. Pensamos, assim, aquela localidade como uma subprefeitura na periferia paulistana, constituída a partir dos conjuntos habitacionais da Cohab, mas que também possui diferenciados modos de moradia e vivências constituídas por seus habitantes.

capítulo 2

Redesenhando São Paulo: a Companhia Metropolitana de Habitação e a periferização no planejamento paulistano

[...] a Cohab não é órgão de assistência social, nem entidade de filantropia. Trabalha, outrossim, perfeitamente entrosada com o Banco Nacional de Habitação. A Cohab, como sociedade de economia mista que é, fase a sua natureza de entidades de direito privado, está sujeita à legislação que rege as demais sociedades comerciais comuns [...]

Processo Administrativo
N.º 37.548, 04/11/1971

O LUGAR DA COHAB NO PLANEJAMENTO ESTRATÉGICO DA CIDADE: (NEM) MAIS RACIONAL E (NEM) MAIS HUMANA

Cerca de uma década e meia antes da inauguração dos primeiros conjuntos habitacionais da Cohab na Cidade Tiradentes (1984) e três anos após a fundação da Companhia Metropolitana de Habitação (1965), o jornal *O Estado de São Paulo*, em 13 de dezembro de 1968, noticiava com otimismo que a São Paulo do futuro já estava sendo projetada por uma equipe técnica contratada pela prefeitura para formular o Plano Urbanístico Básico da cidade – PUB. O futuro ao qual a matéria se referia era o da última década do século XX, na virada para o século XXI, como fica claro no título do artigo: "São Paulo de 1990 vai ser assim: a pá e a rosa, símbolo da nova cidade que está crescendo, mais racional e mais humana" (OESP, 13 dez. 1968, p. 15).

O orgulho com o presente e entusiasmo com o futuro, resultantes do desenvolvimento econômico e urbano do município e da confiança no planejamento, ofereceram o tom da matéria baseada nas entrevistas com Mario Laranjeiras de Mendonça – Diretor do Projeto do PUB – e com José Meiches – Secretário de Obras da Prefeitura. De acordo com o artigo:

> Na sala de reuniões do escritório que prepara o Plano Urbanístico Básico de São Paulo, todas as paredes estão cobertas por mapas e gráficos. [...] Há ainda estudos sobre a evolução da renda da área metropolitana do município, segundo os quais nos últimos 15 anos, apesar da estagnação econômica de certos períodos, a média de crescimento anual da renda "per capita" foi de 1,9%. Assim, os técnicos estimam que, no mínimo, até 1990, o crescimento anual seja de 2% ao ano. [...] No restante, tudo foi

calculado, todas as possibilidades estudadas, as tendências analisadas e o plano [PUB] dirá exatamente o que São Paulo deve fazer (OESP, 13 dez. 1968, p. 15).

Ainda conforme o subtítulo da matéria, a capital paulista deveria construir seu destino inspirada na "pá e na rosa" como "símbolos da nova cidade" que estava crescendo, "mais racional e mais humana" (OESP, 13 dez. 1968, p. 15). Porém, emblematicamente, a data do artigo (13/12/1968) também chama a atenção por ser simbólica de grande parte do período aqui em estudo, o "regime militar", célebre pela desvalorização dos direitos humanos e da cidadania.

Naquele mesmo dia em que *O Estado* analisava e saudava o presente e o futuro da cidade foi decretado o Ato Institucional n. 5 (AI-5), considerado pelos estudiosos do período como um dos atos políticos e jurídicos mais violentos e representativos da ditadura militar brasileira, simbolizando muito do seu contexto político-institucional e econômico.[1] Em outra matéria do mesmo jornal e em sua primeira página, o AI-5 era prenunciado da seguinte forma:

> No Rio, à noite, afirmava-se que os chefes militares, reunidos no Ministério do Exército, teriam decidido sugerir ao presidente Costa e Silva a edição de um ato adicional dando poderes ao presidente para decretar o recesso do Congresso e cassar mandatos, legislando por decretos (OESP, 13 dez. 1968, p. 1).

Este contexto de regime autoritário, fiúza no planejamento e crença no desenvolvimento urbano-econômico de São Paulo por parte do poder público e de outros setores da sociedade paulistana, foi o cenário da "nova" política de habitação popular do município de São Paulo por ser parte do todo das medidas urbanísticas planejadas. Do

---

1 Segundo Maria Celina D'Araujo, no site do CPDOC-FGV, "o Ato Institucional n. 5, AI-5, baixado em 13 de dezembro de 1968, durante o governo do General Costa e Silva, foi a expressão mais acabada da ditadura militar brasileira (1964-1985). Vigorou até dezembro de 1978 e produziu um elenco de ações arbitrárias de efeitos duradouros. Definiu o momento mais duro do regime, dando poder de exceção aos governantes para punir arbitrariamente os que fossem inimigos do regime ou como tal considerados." Ainda conforme D'Araujo, "o AI-5 não só se impunha como um instrumento de intolerância em um momento de intensa polarização ideológica, como referendava uma concepção de modelo econômico em que o crescimento seria feito com 'sangue, suor e lágrimas'" (D'ARAUJO, 2012). Sobre a ditadura militar no Brasil e o AI-5 estudamos: CAMARGO (1975), KOWARICK (1970, 1979 e 1994), MARICATO (1976, 1979, 1987 e 1996), MARTINS (1992, 2000 e 2008), SINGER (1971 e 1975).

mesmo modo, relacionada a esta conjuntura, ocorreu a criação da Cohab, em 1965, e a construção dos seus conjuntos habitacionais, incluindo posteriormente os da Cidade Tiradentes, como componentes fundamentais para as diretrizes habitacionais da cidade do futuro que se projetava.

Vale salientar que, na pesquisa desenvolvida na dissertação de mestrado, o ideário de planejamento, no caso paulistano, não era novo. Guardadas as necessárias diferenciações quanto às propostas apresentadas, a escala das intervenções, o desenvolvimento urbano-social da cidade e o contexto político-econômico, pelo menos desde as décadas de 1930-1940, particularmente durante as gestões de Luiz Ignácio de Anhaia Mello (1930-1931) e Francisco Prestes Maia (1938-1945), já se apresentava a necessidade de um plano urbano, apesar das divergências políticas e conceituais dos dois prefeitos quanto à atuação urbanística (CORDEIRO, 2003; 2004).

Entretanto, especialmente após a instauração da ditadura militar em 1964, além do poder público local e empresariado paulistano, o governo (federal e estadual) encampou, incentivou e apoiou a formulação de planos urbanísticos de desenvolvimento da cidade. Conforme analisa Rolnik, a partir de então o Estado "requereu a produção de planos integrados e condicionou a oferta de financiamento federal" e estadual "para projetos de desenvolvimento urbano à apresentação pela municipalidade de um plano integrado" (1997, p. 200). Uma demonstração neste sentido na esfera estadual pode ser acompanhada no seguinte trecho da Lei Orgânica dos Municípios do Estado de São Paulo:

> Nenhum auxilio financeiro ou empréstimo será concedido pelo Estado ao município que, até 31 de dezembro de 1971, não tiver seus programas de ação baseados em um Plano Diretor de Desenvolvimento Integrado ainda que simples, mas orientado para um gradativo aperfeiçoamento, comprovando que o município iniciou um processo de planejamento permanente (Decreto Lei n. 9, de 31 de dezembro de 1969).[2]

---

2   Os estudos realizados por Eva Blay reforçam a leitura acerca da intervenção do Estado (federal e estadual) nos municípios no sentido do planejamento após 1964. Segundo a estudiosa, a partir daquele contexto o poder federal estabeleceu "que todos os municípios devem elaborar seus Planos Diretores de Desenvolvimento Integrado (PDDI, sem os quais nenhum recurso de ordem federal ou estadual será concedido" (BLAY, 1978, p. 172). Flávio Villaça, no entanto, discorda destas análises no que diz respeito à atuação do governo federal pressionando financeiramente os municípios na realização de seus planos e condicionando as verbas à realização dos mesmos: "corre no Brasil uma informação equivocada, segundo a qual, no período

Pensamos que nem todos os propósitos destes planos e da própria legislação urbanística foram concretizados.[3] Porém, colocando em diálogo as informações presentes nas fontes estudadas, acreditamos que, se em grande parte as proposições dos planos urbanísticos não foram materializadas (particularmente os relativos à infraestrutura nas áreas habitadas pela população de "baixa renda" – como discutiremos adiante), no que diz respeito à moradia popular e sua localização o poder público buscou ao máximo consolidar o proposto, até porque tratava-se de algo fundamental para estabelecer o controle urbano-social sobre a cidade e sua população no sentido de garantir o modelo de desenvolvimento econômico então existente.

Não obstante, também partimos do princípio de que as diferentes formas de interagir da população em relação às intervenções urbanas atuaram sobre os resultados das mesmas. Como analisa Michel de Certeau, as formas de viver da população nas cidades "constituem as mil práticas pelas quais usuários se reapropriam do espaço organizado pelas técnicas da produção sócio-cultural" (1994, p. 41).

Pensamos até que a não concretização dos planos urbanísticos na sua totalidade, em grande parte, também foi decorrência desta reapropriação popular em relação às intervenções urbanas e sociais indicadas e praticadas.[4] Estamos com isto buscando evitar

---

do SERFHAU" (Serviço Federal de Habitação e Urbanismo, criado em 1964), "o município que não tivesse plano não teria direito a empréstimos (VILLAÇA, 1999, p. 224). Acreditamos que, no caso paulistano, sob pressão dos recursos do governo federal ou não, o período foi marcado pela formulação de planos urbanísticos apoiados e incentivados política e financeiramente pelos governos federal e estadual.

3 De acordo com Flávio Villaça, os planos urbanos do período nem mesmo atingiram "minimamente seus objetivos". Para este autor, "pelo menos durante cinquenta anos – entre 1940 e 1990 – o planejamento urbano brasileiro encarnado na ideia de plano diretor não atingiu minimamente os objetivos a que se propôs. A absoluta maioria dos planos foi parar nas gavetas e nas prateleiras de obras de referência. A maioria dos pouquíssimos resultados que produziram é marginal nos próprios planos e mais ainda na vida das cidades às quais se referiram" (VILLAÇA, 1999, p. 224).

4 Para Villaça, o "fracasso" dos planos urbanos no Brasil decorre da análise de que os mesmos não foram idealizados no sentido de serem concretizados. Para ele, pensar na seriedade de um plano no período aqui em estudo seria "tomá-lo por verdadeiro e acreditar que os planos foram elaborados com a real intenção de atingir os objetivos que anunciam". Para este autor, o planejamento seria "fundamentalmente um discurso, cumprindo a missão ideológica de ocultar os problemas das maiorias urbanas e os interesses dominantes na produção do espaço urbano" (VILLAÇA, 1999, p. 223 e 224).

a ideia de uma simples dicotomia e/ou pura polarização entre as intervenções e seus agentes em relação àqueles a quem eram dirigidas.

Deste modo, o estudo dos planos urbanísticos possibilita acompanhar aspectos das justificativas, interesses, conflitos e ações propostas no planejamento e nas leis urbanas, particularmente as referentes à habitação popular. Do mesmo modo, permite ponderar sobre as formas de interação ou não da população em relação às intervenções apresentadas.[5]

A leitura desta documentação permite apreender ainda qual a cidade que se procurava transformar e para quais moradores eram dirigidas as proposições, mesmo que não tenham sido implantadas em sua totalidade. Possibilita analisar as dimensões das tensões existentes e como isso atuou ou "ocultou" a hierarquização e a constituição de espaços como o da Cidade Tiradentes.

Assim, até a não concretização dos planos e da legislação urbana ou sua concretização parcial nos interessa porque permite apreender os limites de tais propostas e das leis, bem como a interação dos diferentes sujeitos na constituição dos espaços na cidade ao compasso das experiências cotidianas. Por isso, optamos por refletir sobre alguns destes planos urbanísticos em decorrência do suposto caráter estratégico que possuíam para a constituição da política de moradia popular, acompanhando a relação com os projetos da Cohab e a constituição da Cidade Tiradentes.

Partimos do princípio de que a construção dos conjuntos residenciais da Cohab nas áreas que denominamos de periferia não foi casual e sim um componente fundamental para a articulação da nova cidade que se desejava consolidar. O próprio Plano Urbanístico Básico – PUB (1969) permite esta ponderação ao salientar em seu quinto capítulo ("Plano a Longo Prazo") que entre os órgãos fundamentais para o desenvolvimento da cidade e da região metropolitana estava a Cohab-SP, cuja finalidade principal era construir moradia para a população de "baixa-renda" em áreas "baratas" (Lei Municipal n. 6.738, 16 de novembro de 1965, criando a Cohab), por serem distantes das regiões centrais e urbanizadas da cidade:

---

5   O conceito de interatividade que trabalhamos é relativo à noção de inter-relação recíproca entre universos socioculturais e espaciais diferenciados, a partir da obra de E. P. Thompson (1981). Já o conceito de circularidade refere-se à maneira de Carlo Ginzburg (1989) analisar valores culturais que circulam em diferentes camadas sociais, em nosso caso, também em diferentes espacialidades.

Companhia Metropolitana de Habitação (Cohab-SP) – sociedade de economia mista municipal, já existente, criada para assegurar a elaboração e execução de programas habitacionais no Município de São Paulo e em alguns municípios vizinhos. Deverá ser responsável pela execução da política habitacional em toda a Área Metropolitana (PUB, 1969, p. 116).[6]

Assim, oferecemos especial atenção ao Plano Urbanístico Básico porque foi o primeiro no período e por ter realizado formulações claras quanto à moradia popular, discutindo qual deveria ser a atuação da Cohab. Porém, além do PUB, estudamos outros planos e a legislação urbanística, tais como o Plano Diretor de Desenvolvimento Integrado da cidade – PDDI –, de 1971, considerado o primeiro Plano Diretor paulistano; o Plano Metropolitano de Desenvolvimento Integrado – PMDI –, de 1971; e a primeira Lei de Uso e Ocupação de Solo – Lei de Zoneamento Municipal –, de 1972.

Com o início dos trabalhos entre 1967 e 1968, os responsáveis pelo Plano Urbanístico Básico paulistano apresentaram os resultados finais em março de 1969, cerca de um mês antes do final do mandato do prefeito Faria Lima e da posse do novo mandatário municipal: Paulo Salim Maluf (08/04/1969 – 07/04/1971) – primeiro prefeito nomeado pelo governo estadual durante a ditadura militar e responsável por colocar ou não em prática o PUB.[7]

O Plano Urbanístico Básico foi dividido em seis capítulos: "1. os problemas de hoje e o desafio de amanhã; 2. principais objetivos; 3. síntese das recomendações; 4.

6　Os outros órgãos listados eram Companhia de Desenvolvimento Urbano ("a ser criada ao nível municipal sob a forma de sociedade mista"); Órgão Metropolitano de Transportes Coletivos "(a ser criado"); Centro Estadual de Abastecimento S.A. (CEASA) ("sociedade de economia mista estadual, já existente"); Órgão Metropolitano de Vias Expressas ("a ser criado"); Conselho Metropolitano de Controle da Poluição Ambiental ("a ser criado") (PUB, 1969, p. 116).

7　A gestão do então prefeito José Vicente Faria Lima (08/04/1965 – 07/04/1969) era considerada pelo jornal *O Estado de S. Paulo*, o exemplo de administração a ser seguido, uma vez que, aproveitando do planejamento anterior, realizado por Francisco Prestes Maia (08/04/1961 – 07/04/1965), desenvolveu a cidade "como nunca" (OESP, 13 dez. 1968, p. 1). Vale destacar que estes dois prefeitos foram os últimos eleitos em São Paulo no período da ditadura militar brasileira. Todos os outros mandatários municipais foram nomeados pelo governo estadual e federal. Somente em 01/01/1986 é que tomou posse um prefeito eleito: Jânio da Silva Quadros, que governou até 01/01/1989, quando foi substituído por Luiza Erundina (01/01/1989 – 01/01/1993).

análise do desenvolvimento urbano; 5. plano a longo prazo; 6. programa a médio prazo". Mantendo o tom de confiança no planejamento e o orgulho quanto ao presente, a equipe técnica do PUB, composta por quarenta especialistas (engenheiros, arquitetos, administradores, entre outros), colocava São Paulo entre as dez maiores metrópoles do mundo, comparando o crescimento demográfico e urbano da capital paulista a "Paris, Londres, Chicago, Moscou, Tóquio", entre outras.[8]

Logo na primeira página do trabalho já era assinalado:

> São Paulo é a maior metrópole do Brasil e coloca-se entre as dez grandes metrópoles do mundo, como Paris, Londres, Tóquio e Chicago, em termos de área e população. [...] Esse grande crescimento demográfico explica-se, em grande parte, pelo ritmo intenso de desenvolvimento econômico da área, pois, diante dos níveis crescentes de renda, foram canalizadas para a região as correntes migratórias internas. [...] A atual administração empenhou-se, desde o início do seu mandato, em abril de 1965, em restabelecer o equilíbrio do trinômio população, desenvolvimento e serviços urbanos. Assumiu, logo a seguir, compromissos com o futuro, face ao desafio representado pelas novas exigências urbanas e sociais emergentes em relação à qualidade e à quantidade dos serviços disponíveis. Esse desafio torna-se cada vez maior, pois a população continuará a crescer, esperando-se que ultrapasse o dobro da atual até 1990 no Município [...] (PUB, 1969, p. 13).

Apesar de apontar para medidas urbanísticas no sentido das necessárias intervenções e do controle do poder público, bem como formas de aumentar a receita pública municipal para a efetivação de sua proposta, no trabalho apresentado aparecem mesmo semelhanças com o ideário ufanista, tais como "São Paulo é uma das cidades que mais crescem no mundo" (quando o PUB faz comparações entre São Paulo com outras metrópoles mundiais) e/ou "São Paulo não pode parar" (de acordo com o Plano, este seria um dos desafios a serem enfrentados pela prefeitura).

Esta euforia com o ritmo de crescimento da cidade não era uma novidade em 1968/1969 e, possivelmente, também não representava uma particularidade paulistana. Provavelmente, existiram manifestações como estas ao longo da história de muitas cidades. No caso paulistano, foi em 1954, durante as comemorações do IV Centenário

---

8 De acordo com Flávio Villaça, o corpo técnico do PUB "reuniu a maior equipe técnica diversificada jamais vista no país" (1999, p. 218).

da Cidade, 14 anos antes do período aqui em estudo, quando muitos dos emblemas paulistanos constituíram-se e foram consolidados ao longo da sua história.[9]

Pensamos, entretanto, que o entusiasmo dos planejadores e do poder público da cidade com o desenvolvimento paulistano a partir da década de 1970, apesar da preocupação com a manutenção do crescimento, expressava principalmente os interesses dos grupos sociais que estavam à frente de sua formulação em aumentar o ritmo de desenvolvimento econômico e urbano de São Paulo e região, fundamental para os interesses internos e externos ao Brasil. A década de 1970 representou a tentativa de grupos empresariais de colocar São Paulo na dianteira do processo urbano, fazendo da cidade a vitrine de um ideário de desenvolvimento. No período, o governo brasileiro incentivava o entusiasmo com o "crescimento do país" através do chamado "milagre econômico", apostando no desenvolvimento econômico e urbano como parte da propaganda do regime militar brasileiro.[10]

A título de exemplificação do que queremos assinalar, a forma como foi realizado o PUB e a análise de quais eram os sujeitos à frente de sua elaboração expressa muito o modo como ocorriam as formulações dos Planos Urbanísticos do período e os interesses neles presentes. A equipe técnica responsável pelo PUB, vencedora da concorrência realizada em setembro de 1967 e disputada por 45 empresas, era formada por

---

9 Durante o IV Centenário, escolheu-se como frase símbolo para a cidade a seguinte: "São Paulo – a cidade que mais cresce no mundo". Sobre o IV Centenário, lemos TAUNAY (1954).

10 Entre a segunda metade da década de 1960 e a primeira metade da década de 1970, a economia brasileira registrou uma expansão de suas atividades produtivas numa conjuntura internacional favorável, porém de profunda dependência do sistema econômico mundial. Além disso, o governo colocou em prática uma ideologia ufanista do desenvolvimento nacional baseada em frases como "este é um país que vai pra frente"; "pra frente Brasil"; "a nação que mais cresce no mundo"; "o Brasil está saindo do subdesenvolvimento"; "ninguém segura o desenvolvimento do Brasil", entre outras frases. O estado de São Paulo e sua capital eram considerados os carros-chefe desse desenvolvimento: a cidade era vista como a "locomotiva" do Brasil. A partir da segunda metade da década de 1970, com a crise mundial do petróleo, somada a uma conjuntura econômica internacional de recessão e elevadas taxas de juros, o "milagre econômico" mostrou que produziu uma grande concentração de renda, aprofundando a desigualdade social, agravando o endividamento externo do país e não conseguindo controlar a elevação da inflação. Um quadro que possuiu também como cenário a grande concentração demográfica nos centros urbanos como São Paulo. Sobre o assunto lemos os seguintes autores: CAMARGO (1975), D'ARAUJO, KOWARICK (1970, 1979 e 1994), MARICATO (1976, 1979, 1987 e 1996), MARTINS (1992, 2000 e 2008), SINGER (1971 e 1975).

quatro firmas, das quais duas eram norte-americanas: Leo A. Daly Company Planners-Architects-Engineers (norte-americana); Wilbur Smith & Associates (norte-americana); ASPLAN S.A. – Assessoria em Planejamento (nacional); e Montor Motreal Organização Industrial e Economia S.A. (nacional) (PUB, 1969, p. s/n).

O Conselho Diretor do Projeto foi composto por sete diretores, dois quais três eram das empresas brasileiras e quatro das empresas norte-americanas: Diogo Adolpho Nunes de Gaspar e Sebastião Advíncula da Cunha, ambos da ASPLAN S.A.; Geraldo José Lins, da Montor Motreal Organização Industrial e Economia S.A. (nacional); Gerard L. Drake, da Wilbur Smith & Associates (norte-americana); John L. Half e William H. Coibion, ambos da Leo A. Daly Company Planners-Architects-Engineers (norte--americana) (PUB, 1969, p. s/n).[11]

De acordo com o documento final publicado em 1969, o Plano contou ainda com outras participações norte-americanas como consultoria especial: Calvin S. Hamilton – Diretor de Planejamento de Los Angeles/Califórnia; Charles A. Blessin – Diretor de Planejamento de Detroit/Michigan; Francis J. Violich – Professor de Urbanismo da Universidade da Califórnia; e Luis B. Wetmore – Professor de Planejamento da Universidade de Illinois. Isto assinala que o modelo de urbanismo adotado possuía inspiração norte-americana.[12]

A Prefeitura, por sua vez, responsabilizou-se pelos custos e pagou para os ganhadores da concorrência realizada a quantia de "3 milhões de dólares", conforme explicou o jornal O Estado de São Paulo (OESP, 13 dez. 1968, p. 15). Pela nacionalidade das empresas ganhadoras para a realização do PUB, bem como pela composição do seu conselho

---

11 Além das empresas que se faziam presentes no conselho diretor do PUB, também participaram do plano como firmas e entidades subcontratantes: Real Estate Research; Hazen & Sawyer; Fluxo – aplicação de computadores S.A.; e Systems S.A. – Engenharia e Consultoria de Sistema e Processamento de Dados (PUB, 1969, p. s/n).

12 Sobre a "influência" e/ou "ingerência" do urbanismo norte-americano no período, lemos: FELDMAN (2005); GITAHY (2002); GROSTEIN (1987 e 1990); KOWARICK (1970, 1979 e 1994); LEME (1999); MARICATO (1996); PASTERNAK (2001); REIS FILHO (1991, 1996 e 2001); ROLNIK (1997); SACHS (1985 e 1999); SAMPAIO (1981 e 2002); SINGER (1971 e 1975); TASCHNER (1976, 1990 e 1997); VILLAÇA (1995, 1998 e 1999).

diretor e da consultoria, acompanha-se que a importância do plano ultrapassava a esfera de desenvolvimento local, regional e nacional (PUB, 1969, p. s/n).[13]

Outro bom exemplo dos interesses presentes na realização dos planejamentos urbanísticos e da forma como eram feitos foi a constituição do Plano Metropolitano de Desenvolvimento Integrado – PMDI –, finalizado em 1971. Esse Plano Metropolitano, da esfera do governo do estado, foi elaborado contando com as seguintes empresas de planejamento: "Assessoria em Planejamento – ASPLAN S/A, Grupo de Planejamento Integrado S/A – GPI, Neves e Paoliello S/C, e com a colaboração também de duas instituições de origem norte-americana: SOTEPLAN e PADCO" (PMDI, 1979).

Segundo Juliana Morais Tessarollo, para contratar essas firmas o governo "contou com o financiamento de CR$ 3.000.000,00 do Serviço Federal de Habitação e Urbanismo". Vale salientar que o PMDI baseou-se no PUB e no Relatório Lebret/SAGMACS de 1957 (TESSAROLLO, 1973, p. 43).[14] O PMDI buscava "planejar o desenvolvimento metropolitano, coordenar os investimentos estaduais [...] e propor a implantação de entidades" para solucionar os "problemas metropolitanos" (TESSAROLLO, 1973, p. 43). Ou seja, o PMDI procurava realizar na escala metropolitana o que propunha o PUB na escala municipal.

---

13 Maria Irene de Q. F. Szmrecsanyi e Rebeca Scherer analisam que "a partir da década de 40 o Brasil incorporou definitivamente processos formais de planejamento governamental como requisito explícito do desenvolvimento econômico, verificando-se a criação de agências, a institucionalização de procedimentos e a organização de atividades profissionais específicas. Estas últimas, em função do encaminhamento do processo político nas décadas mais recentes, acabaram por se caracterizar – ou se caricaturar – como atuação do tecnocrata, solapando a imagem social da espacialidade" (SZMRECSANYI & SCHERER, 1985, p. XV). Colaboram com esta leitura os seguintes autores: BLAY (1978); BONDUKI (1998, 2000 e 2008); CALDEIRA (2003); CAMARGO (1975); FELDMAN (2005); GITAHY (2002); REIS FILHO (1991, 1996 e 2001); GROSTEIN; (1987 e 1990) KOWARICK (1970, 1979 e 1994); LEME (1999); MARICATO (1996); PASTERNAK (2001); ROLNIK (1997); SACHS (1985 e 1999); SAMPAIO (1981 e 2002); SINGER (1971 e 1975); TASCHNER (1976, 1990 e 1997); VILLAÇA (1995, 1998 e 1999).

14 É do período também o PDDI – Plano Diretor de Desenvolvimento Integrado, de 1971. Quanto ao Relatório Lebret/SAGMACS, seus estudos partiram "da metodologia adotada pelo Departamento de Pesquisa do Centre Sociologique d'Economie Et Humanisme, que possuía uma revista com mesmo nome, editada em Lyon, publicando periodicamente a crônica das pesquisa executadas de acordo com os seus métodos. Para a América Latina publicam-se, igualmente, em Montevidéo os Cuadernos Latinoamericanos de Economia Humana, em cooperação com o 'Centro' de São Paulo (SAGMACS)" (DELORENZO NETO, 1959, p. III).

Acompanha-se que o PUB e o PMDI resultaram da parceria pública com o setor privado, combinando interesses particulares e estatais brasileiros e norte-americanos. Assim, é possível analisar que esses planos possuíam importância estratégica no sentido de pensar o desenvolvimento econômico que extrapolava os interesses da cidade e de sua população. Neste sentido, vale salientar ainda que os órgãos financiadores do PUB foram: Ministério do Planejamento e Coordenação Geral; Finep – Financiadora de Estudos e Projetos S.A.; United States Agency for International Developmente – USAID.[15]

Lendo os planejamentos do período e pensando naqueles que os produziam, sobressai a impressão de que a cidade de São Paulo e a Região Metropolitana estavam sendo preparadas para atender as transformações geradas pelos interesses econômicos nacionais e norte-americanos relativos à industrialização daquele contexto.[16] De acordo com Kowarick e Campanário (1988, p. 53):

> É amplamente conhecida a importância da região metropolitana de São Paulo como um dos principais pólos industriais do mundo subdesenvolvido. Aí se instalou uma enorme e complexa engrenagem produtiva que dita o ritmo da acumulação de capital no Brasil e constitui-se no seu elo com o mercado internacional. Também é conhecido que este crescimento industrial esteve assentado, até o final dos anos 70, no processo substitutivo de importações. [...] A metrópole paulista é a perfeita personificação desse estilo de capitalismo que podemos designar como subdesenvolvimento industrializado.[17]

---

15 O USAID se autodenominava como uma Missão Norte-Americana de Cooperação Econômica e Técnica entre os Estados Unidos da América e as nações da América Latina. Na publicação denominada *Planejamento Urbano*, publicada pela Fundação Getúlio Vargas com apoio do USAID, logo nas primeiras páginas, no Prefácio, a defesa do planejamento é feita da seguinte forma: "um dos mais notáveis progressos em matéria de Administração Municipal na década passada foi o reconhecimento generalizado da necessidade do planejamento" (Associação Internacional de Administradores Municipais, 1965, s/p).

16 Colaboram com esta análise os estudos de Kowarick, Campanário, Maricato, Singer e Santos, ao explicarem que o desenvolvimento industrial e urbano de São Paulo no período foi impulsionado pelas políticas do governo federal, descritas como de "substituição de importações".

17 Luciano Martins analisa que desde a década de 1950 o Brasil vivenciou a implantação do "nacional desenvolvimentismo", incentivando a industrialização nacional através da "substituições de importações". Martins explica que o nacional-desenvolvimentismo "foi a ideia de construção da nação, baseada na industrialização via substituições de importações, tendo o Estado como demiurgo, vários matizes de nacionalismo como ideologia e o populismo sob suas diferentes formas como sustentação política. Foi a

Alguns autores, como Ermínia Maricato (1996), assinalam que este modelo gerou uma urbanização e/ou metropolização na periferia do capitalismo. O poder público, incluindo o paulistano, atuou então em suas diferentes esferas buscando desenvolver toda infraestrutura, incluindo a urbana e nela a habitacional, como elemento atrativo das indústrias internacionais, assessorando o desenvolvimento das economias centrais. Isto ajuda a compreender em grande parte a participação de representantes dos interesses particulares e estatais norte-americanos na formulação dos planos urbanísticos aqui em discussão, particularmente da United States Agency for International Developmente – USAID.

Paul Singer, num texto escrito no período aqui em análise (1973), citando os trabalhos de Manuel Castells e Anibal Quijano, discute que o modelo de desenvolvimento adotado, incluindo o urbano, "deturpou" e "perverteu" a postura "idílica de industrialização nacional autônoma, com urbanização equilibrada e includente". Para Singer, a partir de Castells e Quijano, os resultados foram:

> restabelecimento das relações de dependência, após a II Guerra Mundial, que propiciou a entrada maciça de capital estrangeiro na indústria dos países da América Latina. [...] A industrialização passa a ser dominada pelos monopólios internacionais, que "desenvolvem os mercados internos e efetuam, por sua própria conta, o processo de substituição de importações criando novos laços de dependência tecnológica, financeira e de decisão econômica" (CASTELLS, p. 19 *apud* SINGER, 1995, p. 67).[18]

Para dimensionarmos aquele contexto de industrialização, a coletânea de estudos *São Paulo 1975 – crescimento e pobreza*, organizada pelo Centro Brasileiro de Análise de

---

isso que se convencionou chamar 'nacional-desenvolvimentismo', que não chega a ser um conceito, mas descreve e sintetiza um projeto político e um estilo de ação" (1991, p. 3). De acordo com o mesmo autor, "nacional desenvolvimentismo" possuiu como referência as propostas da Comissão Econômica para a América Latina – Cepal. Sobre o tema lemos também: CAMARGO (1975); KOWARICK (1970, 1979 e 1994); MARICATO (1996); REIS FILHO (1991, 1996 e 2001); SINGER (1971 4 1975).

18 Os trabalhos de Castells e Quijano analisados por Singer foram: Manuel Castells. "L'urbanisation dépendente en América Latine". In: *Espaces et Sociétés*, n. 3. Paris: Juillet, 1971; e Anibal Quijano. "La formation d'um univers marginal dans lês villes d'Amérique Latine". In: *Espaces et Sociétés*, n. 3. Paris: Juillet, 1971 e "Dependencia, Cambio Social y Urbanización em Latino-America". In: *America Latina: Ensayos de Interpretación Sociológio-Politica*. Santiago: Editorial Universitaria, 1970.

Planejamento – Cebrap, em 1975, assinala que "em 1969, São Paulo reunia 21 das 50 maiores empresas do país. Em 1973, essa cifra sobe para 26". Provavelmente, isto só poderia ocorrer por causa da criação de uma infraestrutura urbana necessária para a implantação destas empresas. Assim, ainda segundo o estudo do Cebrap, "na medida em que as maiores empresas capitalistas do País estão sediadas em São Paulo e tendem a crescer mais do que as restantes, elas trazem maior soma de recursos para acumular em São Paulo" (CAMARGO, 1975, p. 16).

Neste sentido, acreditamos que o eixo central do planejamento paulistano de então era o desenvolvimento econômico e industrial da cidade e da região metropolitana, buscando fornecer diretrizes urbanisticamente racionais e científicas para este processo.[19] A planta a seguir, datada de 1975, extraída da revisão proposta ao Plano Metropolitano de Desenvolvimento Integrado – PMDI – pela Secretaria de Estado dos Negócios Metropolitanos e pela Emplasa, demonstra bem como os que estavam à frente do planejamento na esfera municipal e regional confiavam que seriam capazes de determinar racional e cientificamente as diretrizes de urbanização.

---

19 De acordo com Juliana Morais Tessarollo, a parte dedicada à estrutura urbana que consta do Plano Metropolitano de Desenvolvimento Integrado assinalava: "desestimular a expansão urbana na direção sul e sudoeste, reorientando-a especialmente em direção a leste (Mogi das Cruzes) e nordeste (Guarulhos); estimular o desenvolvimento de novos centros de atividades terciárias em corredores ao longo do sistema ferroviário, capazes de absorver a expansão do setor terciário na metrópole e de viabilizar o sistema de transporte rápido de massas e com pontos focais nas regiões de Osasco, Santo Amaro, ABC, Mogi, Itaquaquecetuba e Guarulhos" (TESSAROLLO, 1973, p. 44).

Planta 1 – Diretrizes de urbanização – 1975/1976

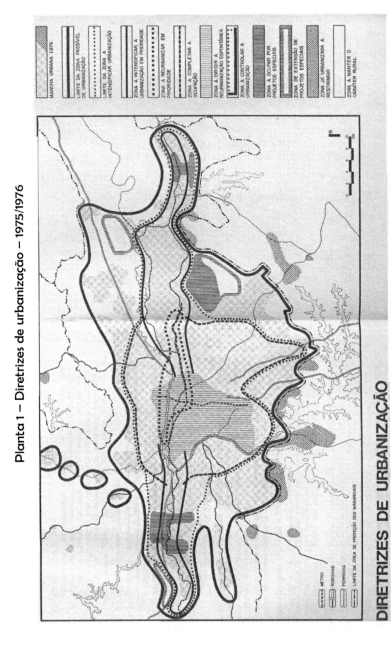

Fonte/Elaboração: Emplasa e Secretaria de Estado dos Negócios Metropolitanos. *O Desafio Metropolitano*. São Paulo, 1975.

A própria nomenclatura utilizada na planta, projetando o desenvolvimento metropolitano por cinco anos – de 1975 a 1980 –, coopera com nossa análise acerca da confiança que os planejadores urbanos possuíam na capacidade de decidirem os rumos urbanísticos de uma cidade e região. No mapa aparecem termos como "diretrizes de urbanização; zona a dirigir a reurbanização espontânea; zona a controlar a urbanização".

Ao analisarmos a planta e o discurso dos que planejavam São Paulo, pensamos nas análises de Lefebvre, ao diferenciar os tipos de intervenções urbanísticas após a Segunda Guerra Mundial. A partir das análises deste autor, é possível falarmos num planejamento urbanístico em São Paulo que também se pretendia científico, por isso a conotação racional oferecida ao mesmo. Entretanto, ainda como pondera Lefebvre (1969, p. 28):

> Este cientificismo, que acompanha as formas deliberadas do racionalismo operatório, tende a negligenciar o "fator humano", como se diz. Divide a si mesmo em tendências. [...] Esse urbanismo tecnocrático e sistematizado, com seus mitos e sua ideologia (a saber: o primado da técnica) não hesitaria em arrasar o que resta da Cidade para dar lugar aos carros, às comunicações, às informações ascendentes e descendentes.

Do mesmo modo que vale ler esta análise de Lefebvre observando a planta anterior, é possível também pensarmos nas suas ponderações quando retomamos a leitura da matéria jornalística do *O Estado de São Paulo*, assinalada no início deste capítulo, apresentando o início dos trabalhos da equipe responsável pelo PUB. Pela matéria, aparentemente a "nova cidade" de São Paulo iria "crescer, mais racional e mais humana". Porém, lendo a íntegra do texto jornalístico e os resultados finais do PUB e do PMDI, a suposta racionalidade seria sobreposta ao humano, no sentido analisado por Lefebvre.

Para os responsáveis pelo PUB, segundo o jornal, o sentido de desenvolvimento e progresso racional para a cidade seria construir grandes avenidas, viadutos e planejar a cidade futura:

> O objetivo inicial era tirar o atraso da cidade, fazer as grandes avenidas mais depressa, construir viadutos, remodelar tudo e agora. Já no fim de sua administração, o prefeito sente que grande parte do atraso foi tirada. Chegou então a hora de planejar para o futuro, de preparar os planos para que não se repita a situação em que a cidade estava em 1965 (OESP, 13 dez. 1968, p. 15).

80 Simone Lucena Cordeiro

Esta parte da matéria do *O Estado de São Paulo* deixa sobressair que os principais objetivos do planejamento proposto era na direção de "remodelar tudo" e adequar a cidade para a continuidade do desenvolvimento econômico e urbano. Para concretizar tais propósitos, as prioridades eram três e deveriam pautar a atuação do poder público municipal, segundo os planejadores, como explica o próprio Secretário de Obras da municipalidade de então: "O transporte, cuja solução começará a ser dada com as obras do metrô; os planos diretores, que é o planejamento para o futuro, e a educação, tudo planejado de forma a acabar com a deficiência de escolas e dar vagas a todos" (OESP, 13 dez. 1968, p. 15).

Continuando a leitura dos textos de *O Estado de São Paulo*, do PUB e do PMDI, fica perceptível que, naquele contexto, a atenção dirigida à moradia popular era complementar ao desenvolvimento da cidade que se propunha. Essa dimensão da cidade não constituía um dos eixos fundamentais das propostas dos planejadores e do poder público. O próprio PUB, na parte final de suas propostas, evidencia o lugar oferecido à habitação na previsão dos investimentos e recursos para as prioridades urbanísticas escolhidas:

> No conjunto dos investimentos, predomina a função circulação e transporte que absorve 52% dos recursos, vindo a seguir serviços urbanos, com 23%, e desenvolvimento social (onde estaria a habitação em conjunto com outros equipamentos), com 22% do total. Somente o Metrô absorve 35% do total, verificando-se ainda a participação expressiva dos setores educação, recreação e habitação, com 19%; vias expressas, arteriais, principais e locais, com 18% e esgoto e drenagem, com 14%. Os recursos orçamentários destinam-se: 44% a circulação e transporte; 25% a desenvolvimento social; 25% a serviços urbanos, e 6% a desenvolvimento urbano (PUB, 1969, p. 134).

Pelo texto, apesar da anunciada "participação expressiva" da habitação em conjunto com a educação e a recreação (19% dos recursos), é mais significativa a prioridade oferecida à circulação e transportes (52% dos recursos). Novamente, vale lembrar as análises de Lefebvre acerca dos modelos de planejamento e urbanismo adotados após a Segunda Guerra, que, baseados num suposto "cientificismo", no "racionalismo operatório", tenderam "a negligenciar" (ou deixar em segundo plano) o "fator humano" (LEFBVRE, 1969, p. 28).[20]

---

20 Kowarick, discutindo os planejamentos (não só urbanísticos, mas também os estratégicos) no país, assinala que "em poucas palavras, os diversos esforços realizados no Brasil, em matéria de planejamento, são predominante econômicos" (1970, p. 6). Paul Singer também ressalta o caráter econômico do planejamento

No entanto, conforme os dados apresentados pelos pesquisadores do Plano Urbanístico (PUB) de São Paulo, seus responsáveis tinham clareza não só do crescimento demográfico da cidade como também da situação em que se encontravam parcelas significativas da população. Como analisavam os técnicos do PUB, o desenvolvimento urbano-populacional foi ímpar, pois "em pouco mais de duas décadas a cidade quadruplicava sua população, passando de 1,3 milhões de habitantes, em 1940, para 5,8 milhões, em 1969". A Região Metropolitana paulistana, no mesmo período, possuiu um crescimento ainda maior: a população cresceu "de 1,6 (1940) para 7,9 milhões de habitantes (1969)" (PUB, 1969, p. 13).

Além do crescimento populacional, os planejadores também ponderavam sobre a falta de infraestrutura urbana e social da cidade, apesar de oferecerem uma intensidade menor de considerações acerca desta dimensão. Conforme o quadro a seguir, pintado pelo próprio PUB, a população paulistana vivenciava grandes dificuldades urbanas e sociais:

> 45% da população não dispõe de abastecimento de água de rede pública, 63% não é servida pela rede coletora de esgoto e 10% não é atendida pela coleta de lixo. Das vias públicas oficiais cerca de 60% não é pavimentada e 76% não dispõe de iluminação. Os serviços de drenagem, por outro lado, atendem apenas a 20% das necessidades [...]. Em cada dia de trabalho são consumidas 2.450.000 horas no deslocamento da população, que se sujeita a filas imensas em diversas áreas, particularmente no centro da cidade. Por outro lado, o processo de loteamento na periferia contribuiu para a precariedade dos serviços urbanos nessa área. [...] a população é submetida a esforço constante e penoso na procura de melhoria econômica e social (PUB, 1969, p. 13).

A planta na sequência, extraída do Plano Urbanístico Básico, oferece mais cores a este quadro da situação urbana e social da população paulistana no período. A imagem permite dimensionar a quase inexistência de leitos hospitalares e de unidades de saúde (descritas como unidades sanitárias) para grande parte da população da cidade.

De acordo com a planta, as Unidades Sanitárias eram dividias então em três tipos e classificadas de acordo com suas funções:

---

urbano no capítulo "Aspectos econômicos do planejamento metropolitano", no livro *Economia política da urbanização* (SINGER, 1995, p. 145-152).

centro de saúde C – controle de doenças transmissíveis, saneamento do meio, higiene materno-infantil, assistência médica-sanitária não especializada, controle da tuberculose e da hanseníase a cargo do clínico geral, epidemiologia e estatística, enfermagem, educação sanitária e administração;

centro de saúde B – além dos programas de setores acima mencionados, desenvolver nutrição. Odontologia sanitária e análise em laboratórios próprios;

centro de saúde A – o mais especializado, caberá desenvolver os mesmo programas do centro B, com maior capacidade de atendimento e contando com pessoal especializado;

a *letra H* na imagem seriam os "Leitos Hospitalares Gerais" (PUB, 1969, p. 97).

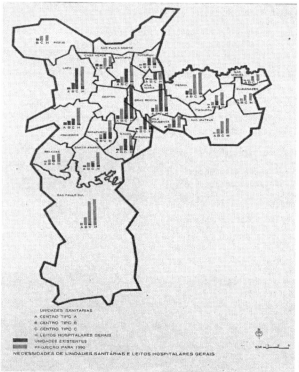

Planta 2 – Unidades sanitárias e leitos hospitalares existentes (1969) e projetados (1990)

Fonte/Elaboração: PUB – Plano Urbanístico Básico de São Paulo Laboratório. Data: 1969.

Pela planta visualiza-se que em algumas das localidades do município inexistia mesmo qualquer tipo dos equipamentos de saúde, como são os casos de São Miguel, Guaianases e São Mateus (onde foi construída a Cidade Tiradentes). Vale considerar que a população destas áreas em 1970, menos de um ano após a publicação do PUB, já considerando as localidades posteriormente desmembradas, era aproximadamente a seguinte: São Miguel, 138.085; Guaianases, 59.749; e São Mateus, 134.416 habitantes (SEMPLA/DIPRO e IBGE).

Soma-se ainda a esse quadro os números apresentados por Paul Singer em seu estudo *Economia política da urbanização*, lançado em 1973, acerca da situação dos trabalhadores na cidade e na região metropolitana no período aqui estudado. Segundo Singer, 10% dos homens estavam desempregados e 3,6% das mulheres se encontravam na mesma situação. O economista, no entanto, alerta que esses dados poderiam ser maiores se considerarmos o "desemprego disfarçado".[21]

Além disso, entre os anos de 1958 a 1969, de acordo com os pesquisadores do Cebrap, em estudo publicado em 1975, "a renda real média das famílias assalariadas de São Paulo caiu em 9,4%, afetando os gastos com alimentação, que diminuíram de 45%, em 1958, para 39%, em 1970, indicando a piora das condições alimentares da população trabalhadora" da cidade (CAMARGO, 1975, p. 74 e 77).

Estes dados, provavelmente, eram vistos pelos especialistas do PUB e do PMDI com preocupação. Porém, como fica claro nos textos destes planos, tais indicadores eram compreendidos como uma resultante inevitável da "explosão demográfica", em decorrência, "em grande parte, do ritmo intenso de desenvolvimento econômico da área", que deveria ser mantido, "pois diante dos níveis crescentes de renda, foram canalizadas para a região as correntes migratórias internas" (PUB, 1969, p. 13).

Como decorrência do modelo econômico, urbano e demográfico adotado, o crescimento populacional era mesmo ainda visto com otimismo pelos especialistas dos planos urbanísticos, apesar dos "problemas" gerados que seriam solucionados com as medidas adotadas, como possibilita ponderar a leitura dos textos aqui em discussão. Assim, ressaltamos que, em nossa análise, este quadro colocando a habitação em conjunto com outros setores do "desenvolvimento social", numa situação complementar ao desenvolvimento econômico e urbano paulistano, não significa que a moradia, especialmente a popular, era assunto irrelevante para os planejadores urbanos da cidade.

---

21 "Um desempregado disfarçado seria alguém cuja produtividade marginal é nula ou mesmo negativa" (SINGER, 1995, p. 127).

Acreditamos sim que existia uma grande confiança de que o planejamento poderia direcionar e controlar o desenvolvimento urbano e populacional da cidade, de certa forma desejável,[22] resolvendo os "problemas" presentes e futuros, entre eles o da moradia popular, auxiliar para o crescimento econômico, como bem analisaram os estudiosos do Cebrap em 1975:

> Muitas análises realizadas no passado tendiam a circunscrever os efeitos indesejados do crescimento econômico sobre as condições de vida das populações urbanas brasileiras ao fenômeno da marginalidade. Desse ponto de vista, a pobreza urbana era um aspecto separado e específico, na realidade de progresso e bem-estar criada pela industrialização e pela urbanização. [...] a pobreza das populações marginais urbanas era um fato menor, indesejável por certo, mas transitório porque característico de um período de reorganização espacial da produção. Em muitos casos considerava-se o pauperismo urbano como uma situação de transição própria dos migrantes de origem rural, ainda não absorvidos pela economia urbano-industrial (CAMARGO, 1975, p. 18).

Evidencia-se nesta análise crítica o quanto fazia parte do período aqui em estudo a crença no desenvolvimento econômico e no planejamento por parte do poder público como capaz de absorver, excluir e/ou controlar a parcela pobre da população que certamente crescia. Talvez por isso o crescimento urbano e demográfico era ainda apresentado com tom eufórico da seguinte forma:

> A qualidade de vida atual é o reflexo do desenvolvimento econômico e da acelerada expansão demográfica. Os índices referentes ao nível de vida da população paulistana são superiores aos verificados na maioria das cidades brasileiras [...] (PUB, 1969, p. 13).

---

22 De acordo com Eduardo Cesar Marques e Renata Mirandola Bichir, analisando os modelos explicativos de estudos de Kowarick acerca da produção dos espaços urbanos no período aqui em estudo, "no Brasil, assim como em tantos outros países de capitalismo tardio, a acumulação [de riqueza] seria possível apenas através da manutenção de um vasto exército industrial de reserva que, ao contrário de ser marginal, no sentido do debate sobre o desenvolvimento e marginalidade dos anos 1960, representaria um elemento indispensável em nosso padrão de acumulação" (MARQUES e BICHIR, 2001, p. 11). Estudamos também os trabalhos de: CAMARGO (1975), D'ARAUJO (2000), KOWARICK (1970, 1979 e 1994), MARICATO (1996), MARTINS (1992, 2000 e 2008), SINGER (1971 e 1975).

Para manter esse desenvolvimento era necessário não perder o controle urbano-social e planejar o futuro. Em sua complementaridade, a habitação social e sua localização eram importantes para a concretização das transformações urbanas propostas. Porém, realçamos que nem sempre os objetivos e discursos explicitados nos planejamentos são concretizados em sua efetivação, se esgotam em sua exposição e representam um reflexo puro e simples da cidade.

Em nossa análise, a situação de pobreza da população da cidade de São Paulo no período não foi uma resultante pura e simples da "explosão populacional" vivenciada pela cidade. Pensamos que os dados demográficos são importantes para o estudo da constituição das habitações populares no município quando considerado em conjunto com outras dimensões relativas aos projetos de cidade, interesses sociais e econômicos.[23]

Assim, apesar da expressiva evolução populacional da cidade ser considerada a principal e, por vezes, a única justificativa para as intervenções sobre a moradia, pensamos que existiram motivos econômicos e sociais para a adoção da política habitacional que resultou na Cohab e nos conjuntos residenciais da Cidade Tiradentes. Como analisam os estudiosos do Cebrap no período:

> Na verdade, o que se evidencia da análise dos dados sobre a situação da população paulistana é que a maior parte dos problemas vividos pelos habitantes de São Paulo não decorre do crescimento da cidade enquanto tal. Esses problemas diferenciam-se segundo as classes sociais e, portanto, resultam de formas de organização da produção e distribuição da riqueza, que não são peculiares a São Paulo. [...] A peculiaridade de São Paulo talvez resida, principalmente, na exacerbação do contraste entre acumulação e pobreza (CAMARGO, 1975, p. 19).

---

23 As análises de Paul Singer, também datadas no período aqui em estudo, colaboram com esta leitura acerca do modelo de desenvolvimento adotado na América Latina, incluindo o Brasil, como fator preponderante para compreender a explosão demográfica e a pobreza urbana. Inicialmente, Singer cita Manuel Castells, assinalando que seria possível um outro tipo de desenvolvimento sem necessariamente resultar "num fluxo migratório excessivo" para as cidades e na explosão populacional, caso a "industrialização nacional não se fizesse por golpes exteriores, mas parte da necessidade de um certo equilíbrio econômico definido no quadro de cada país". Na mesma direção, Anibal Quijano, citado por Singer (1995, p. 66-67), salienta que "o crescimento da produção industrial e o crescimento demográfico poderiam marchar de maneira não muito desnivelada e, ademais, a expansão industrial urbana [poderia constituir] um canal bastante efetivo de integração da sociedade, no sentido de que tinha capacidade de incorporar maior quantidade de população aos padrões dominantes do sistema".

Vale salientar que, mesmo o regime militar tendo perseguido, fechado e/ou realizado intervenções nas organizações autônomas da população (sindicatos, associação de moradores de bairros, entre outras),[24] segundo pesquisadores do Cebrap:

> a população enfrentou os problemas cotidianos com os meios que oferecem suas relações sociais. [...] Se as condições políticas do país impedem sua participação eficaz nas formas habituais de aglutinação política e social, não há como impedir que se tome conhecimento dos problemas que enfrenta e dos obstáculos que se colocam em seu caminho. Talvez seja mesmo esse conhecimento que dê origem às astúcias da vida cotidiana, que permitem a sobrevivência na metrópole (CAMARGO, 1975, p. 145).

Sobrevivência entendida aqui no contexto de "experiências cotidianas" (THOMPSON, 1998), que nem sempre são aceitas pelo poder público e pelos interesses particulares, especialmente no que diz respeito às formas de trabalhar e morar, gerando conflitos, como discutiremos no terceiro capítulo deste trabalho. Acreditamos até que no período em estudo tais "experiências" eram percebidas, e quando isto ocorria, por vezes, eram classificadas como formas "desviantes" de vida, como erro, como acidente. Pensamos como Michel de Certeau (1994, p. 174): "a linguagem do poder 'se urbaniza', mas a cidade se vê entregue a movimentos contraditórios que se compensam e se combinam fora do poder panóptico".

Realçamos que, na explicação das propostas apresentadas pela equipe do Plano Urbanístico Básico, apreende-se que o principal objetivo do planejamento urbano de então, em que se inclui a política de moradia popular, era estimular a continuidade do desenvolvimento econômico-industrial da capital paulista. Para isso era imprescindível enfrentar o novo quadro urbano-demográfico, exigindo do governo (em suas três esferas) novas ações para a nova cidade que se desejava, sendo imperativo também manter o controle social sobre a cidade no sentido de enfrentar os "problemas de hoje" e os "desafios de amanhã", entre eles o da habitação da parcela de "baixa-renda" (PUB, 1969, p. 14).

Foi neste plano complementar, porém fundamental, que se constituíram as orientações sobre habitação popular, tendo como um dos seus resultados fundamentais a

---

24 Sobre este tema lemos: CAMARGO (1975), D'ARAUJO (2000), KOWARICK (1970, 1979 E 1994), MARICATO (1996), MARTINS (1992, 2000 E 2008), SINGER (1971 E 1975).

proposta de conjuntos habitacionais da Companhia Metropolitana de Habitação na periferia paulistana. Proposições que se tornaram referenciais para outros planos urbanísticos (PMDI e PDDI) e para a "nova" legislação urbana no que se refere à habitação popular.

COHAB-SP: "ORGANISMO INTERPOSTO" DO ESTADO, ONERANDO O TRABALHADOR E A MUNICIPALIDADE NA REORDENAÇÃO DA CIDADE

Pelas análises dos responsáveis pelo PUB e acompanhando a quantidade de novas instituições, órgãos, leis e planos urbanos criados no período, alguns apresentados a seguir, fica claro que a legislação, os instrumentos urbanísticos e orçamentários nas cidades brasileiras, particularmente São Paulo, estavam defasados em relação às novas demandas por infraestrutura urbana e social, entre elas a habitação popular. Quanto aos instrumentos orçamentários, a equipe técnica do Plano Urbanístico Básico alertava:

> A insuficiente receita pública municipal frente a esse rápido crescimento contribuiu para que grande parcela da demanda de serviços urbanos e de equipamentos sociais, bem como a necessidade de reordenação da estrutura urbana, não fossem satisfeitas. [...] A recuperação do atraso nos serviços públicos e o atendimento das necessidades atuais exigiram esforços consideráveis da atual administração. O futuro de São Paulo reserva, no entanto, um desafio, maior ainda, à capacidade administrativa e à liderança política das autoridades (PUB, 1969, p. 13-14).

Ressaltamos que compreendemos o assinalado "desafio" das "lideranças políticas e autoridades" mencionadas pelos coordenadores do PUB, incluindo em relação à habitação, como parte de uma estratégia jurídica e política para criar instrumentais administrativos e "legais" urbanos perante os perigos do descontrole social, que causava não só a "explosão" demográfica de São Paulo, mas, acima de tudo, "a forma de organização da produção e distribuição da riqueza". Um modelo em que a "exacerbação do contraste entre acumulação e pobreza" fazia crescer as precárias condições de existência na cidade (CAMARGO, 1975, p. 19).

Lendo as análises dos técnicos responsáveis pelo Plano Urbanístico Básico e a matéria do *O Estado de São Paulo*, evidencia-se que era necessário redesenhar a cidade e seu desenvolvimento urbano-espacial numa nova perspectiva de regulação social, evitando o risco da perda do controle: "chegou então a hora de planejar para o futuro, de preparar o futuro para que não se repita a situação [de conflito] em que a cidade estava em 1965" (OESP, 13 dez. 1968, p. 15).

Foi neste contexto que os conjuntos da Cohab e suas futuras localizações começaram a ser pensados. Aparentemente, a "situação social" então existente era de potencial conflito e/ou possível descontrole quando pensamos nas dificuldades enfrentadas pela população através do próprio quadro urbano-social desenhado pelo PUB, apesar do regime autoritário e o silêncio dos planejadores sobre este assunto. Essa compreensão se aproxima novamente da leitura apresentada por Henri Lefebvre ao analisar que após a segunda guerra, em vários países ocidentais, entre outros aspectos:

> a crise habitacional, confessada, verificada, transforma-se em catástrofe e corre o risco de agravar a situação política ainda instável. O Estado [...], através de organismos interpostos, toma a seu cargo a construção de habitações. Começa o período dos "novos conjuntos" e das novas "cidades" (1969, p. 23).

Nesta direção, vale ponderarmos que a atuação do governo federal em relação à moradia procurava ditar as diretrizes para as municipalidades que possuíam a maioria de seus prefeitos nomeados pelo regime militar, como era o caso de São Paulo. Lembramos que o Plano Urbanístico Básico de 1969 foi financiado pelo Ministério do Planejamento e Coordenação Geral, Finep e USAID. Por sua vez, o Plano Metropolitano de Desenvolvimento Integrado (1971) recebeu verba do recém criado (1964) Serviço Federal de Habitação e Urbanismo – SERFHAU –, ligado ao também recém-criado BNH. Assim como esses planos, a política habitacional oficial paulistana que, em grande parte, resultou nos conjuntos habitacionais da Cohab, financeira e politicamente, estava vinculada às diretrizes de Brasília e suas instituições, particularmente ao Banco Nacional da Habitação – BNH – e seus órgãos.

O BNH foi criado em 21 de agosto de 1964, através da Lei Federal n. 4.380, em conjunto com o Serviço Federal de Habitação e Urbanismo – SERFHAU –, as Sociedades de Crédito Imobiliário, as Letras Imobiliárias, instituindo a correção monetária nos contratos imobiliários de interesse social, e o sistema financeiro para a aquisição da casa própria (Lei n. 4.380, de 21 de agosto de 1964). De modo centralizado e típico do período, o BNH tornou-se o órgão responsável pela política habitacional brasileira e pela execução do Plano Nacional de Habitação – PNH – e, posteriormente, pelo Plano Nacional de Habitação Popular – PLANHAP (1973). O primeiro artigo da lei criando o BNH destacava o caráter centralizador das propostas relativas à habitação:

> O Governo Federal, através do Ministério de Planejamento, formulará a política nacional de habitação e de planejamento territorial, coordenando a ação de órgãos públicos e orientando a iniciativa privada no sentido de estimular a construção de habitações de interesse social e o financiamento da aquisição da casa própria especialmente pelas classes da população de menor renda (Lei Federal n. 4.380, de 21 de agosto de 1964).

De acordo com o diretor superintendente do também recém-criado (1965) INOCOOP – Institutos Nacionais de Orientação às Cooperativas Habitacionais –, Elias Corrêa de Camargo, durante a "I Conferência Internacional de Gerenciamento de Projetos de Construção", realizada entre 8 e 10 de novembro de 1976, o papel do governo tinha de ser mesmo de centralizador da política habitacional:

> O governo, através do BNH-Banco Nacional de Habitação e do SFH-Sistema Financeiro da Habitação, deve desempenhar seu papel organizando a atuação de empreendedores, agências públicas, órgãos de crédito, arquitetos e construtores, para atingir os objetivos sociais de construir habitações adequadas e viáveis à população brasileira (*Revista Construção*, 15 nov. 1976, p. 4).

O Plano Nacional de Habitação – PNH –, em tese, possuiu como objetivos principais reduzir a escassez de moradia no país e corrigir a falta de financiamento para esse tipo de habitação. Porém, acreditamos que a atuação do BNH também era no sentido de estabelecer novos parâmetros jurídicos e político-administrativos para reordenar as cidades e tentar manter o controle social sobre a população que crescia.

Nesta direção vale destacar que no mesmo período da criação do BNH e da Cohab, assim como durante a ditadura militar (1964-1985), ocorreu a criação e regulamentação de uma série de leis, planos e instituições (federais, estaduais e municipais), muitas por decretos, direcionadas à reordenação urbanística e à moradia popular. Além do BNH, SERFHAU, PUB, PDDI, PMDI e Cohab, foram criados:

– Decreto Estadual (São Paulo) n. 43.107, de 28 de fevereiro de 1964, regulamentando a Lei n. 483, de 10 de outubro de 1949, criando a Caixa Estadual de Casas para o Povo – CECAP para financiar e construir casas populares;

  – Criação, em 1965, dos INOCOOPS – Institutos Nacionais de Orientação às Cooperativas Habitacionais – (Brasília), por intermédio das normas expedidas pelo Banco Nacional de Habitação;

– Lei Federal (Brasília) n. 5.107, de 1966, criando o Fundo de Garantia por Tempo de Serviço;

– Decreto Estadual (São Paulo) n. 47.863, de 29 de março de 1967. Dispõe sobre a criação do Conselho de Desenvolvimento da Grande São Paulo, do Grupo Executivo da Grande São Paulo – GEGRAN – e dá outras providências;

– Lei Municipal (São Paulo) n. 7.668, de 30 de dezembro de 1971. Promulga o primeiro Plano Diretor de Desenvolvimento Integrado – PDDI – do município de São Paulo;

– Lei Municipal (São Paulo) n. 7.805, de 1º de novembro de 1972, considerada a primeira lei de zoneamento da cidade a dispor sobre o parcelamento, uso e ocupação do solo do município;

– Decreto Municipal (São Paulo) n. 11.106, de 28 de junho de 1974. Regulamenta as Leis n. 7.805, de 1º de novembro de 1972, e n. 8.001, de 28 de dezembro de 1973, que dispõem sobre a divisão do Território do Município em zonas de uso e regulam o parcelamento, uso e ocupação do solo, e dá outras providências;

– Lei Estadual (São Paulo) n. 905, de 18 de dezembro de 1975, autorizando o Poder Executivo a constituir sociedades por ações, sob a denominação de Companhia Estadual de Casas Populares (CECAP)

 – Lei de criação da atual Companhia de Desenvolvimento Habitacional e Urbano – CDHU;

– Lei Municipal (São Paulo) n. 8.266, de 20 de junho de 1975, tratando do código de obras e edificações no município de São Paulo;

– Decreto Estadual (São Paulo) n. 12.342, de 27 de setembro de 1978 – Código Sanitário –, aprovando o regulamento a que se refere o artigo 22 do Decreto-Lei n. 211, de 30 de março de 1970, que dispõe sobre as normas de promoção, preservação e recuperação da saúde no campo de competência da Secretaria de Estado da Saúde;

– Decreto n. 13.069, de 29 de dezembro de 1978, aprovando normas técnicas especiais relativas ao Saneamento Ambiental nos Loteamentos Urbanos ou para fins urbanos;

– Lei Lehmann (Brasília) n. 6.766, de 19 de dezembro de 1979, dispõe sobre o parcelamento do solo urbano e dá outras providências;

– Lei Municipal (São Paulo) n. 9.413, de 30 de dezembro de 1981, tratando do parcelamento do solo no município de São Paulo, definindo os conceitos de gleba, loteamento, desmembramento, lote e quadra;

– Decreto Estadual (São Paulo) n. 21.592, de 3 de novembro de 1983, criando a Secretaria Executiva de Habitação do Estado de São Paulo;[25]

– Decreto Estadual (São Paulo) n. 26.796, de 20 de fevereiro de 1987, criando a Companhia de Desenvolvimento Habitacional e Urbano do Estado de São Paulo – CDHU.

O caráter autoritário da forma como foi encaminhada essa legislação pode ser acompanhado analisando-se a "aprovação" das duas prováveis leis urbanas paulistanas mais importantes da década de 1970: Lei Municipal n. 7.668, do primeiro Plano Diretor de Desenvolvimento Integrado – PDDI –, em 1971; e Lei n. 7.805, de Parcelamento, Uso e Ocupação do Solo, em 1972. Ambas foram "praticamente impostas" à cidade (CÂMARA MUNICIPAL, 2003, p. 8) durante a gestão de José Carlos de Figueiredo Ferraz (08/04/1971-21/08/1973) – prefeito nomeado pelo governo estadual durante o regime militar. O PDDI foi "aprovado" no penúltimo dia do ano de 1971 (30 de dezembro), quase no prazo final (31 de dezembro), assinalado pela Lei Orgânica dos Municípios do Estado de São Paulo para as cidades paulistas apresentarem seus Planos Diretores de Desenvolvimento Integrado,

---

25 Até essa data, todos os prefeitos, quando da criação dessas leis, foram nomeados pelo governo estadual durante a ditadura militar: Paulo Maluf (08/04/1969-07/04/1971); José Carlos de Figueiredo Ferraz (08/04/1971-21/08/1973); João Brasil Vita (22/08/1973-27/08/1973 – interinamente nomeado); Miguel Colasuonno (28/08/1973-16/08/1975); Olavo Setúbal (17/08/1975-11/07/1979); Reynaldo Emídio de Barros (12/07/1979-14/05/1982); Antônio Salim Curiati (15/05/1982-14/05/1983); Francisco Altino Lima (15/03/1983-10/05/1983); Mario Covas (11/05/1983-10/01/1986).

porque senão "nenhum auxílio financeiro ou empréstimo será concedido pelo Estado ao Município" (Decreto Lei n. 9, de 31 de dezembro de 1969).[26]

Outra significativa demonstração do caráter autoritário dessa legislação foi a aprovação, em 21 de dezembro de 1981, de um conjunto de quatro projetos de lei (conhecido como "o pacote de zoneamento") que resultou na Lei Municipal n. 9.413, de 30 de dezembro de 1981 (tratando do parcelamento do solo no município de São Paulo, definindo os conceitos de gleba, loteamento, desmembramento, lote e quadra), sancionada pelo então prefeito nomeado pelo governo estadual, Reynaldo Emídio de Barros (12/07/1979 a 14/05/1982). Essa lei buscava redefinir o parcelamento, bem como as descrições dos termos gleba, loteamento, desmembramento, lote e quadra, dividindo a cidade em loteamentos denominados como L-1 (alto padrão), L-2 (padrão médio) e L-3 (padrão popular). De acordo com a *Revista Construção* (15 fev. 1982, p. 4) esse pacote de zoneamento:

> foi enviado à Câmara Municipal com o intuito de alterar as leis de zoneamento, parcelamento, uso e ocupação do solo no município de São Paulo. Apenas o primeiro dos projetos, de número 248/81, foi debatido e aprovado na sessão do dia 17 de dezembro naquela Câmara. Os outros três, 250/81, 251/81 e 253/81, foram aprovados em 21 de dezembro por decurso de prazo.

Porém, as organizações da sociedade civil se mobilizaram contra a aprovação dos projetos:

> Enquanto os projetos tramitavam, um documento com 120 assinaturas pertencentes a diversas entidades comunitárias, elementos das classes média e popular, deputados estaduais, sindicatos, operários, Comissão de Justiça e Paz da Arquidiocese de São Paulo, D. Paulo Evaristo Arns, além de entidades ligadas a vários segmentos da sociedade, como o IAB/SP [Instituto dos Arquitetos de São Paulo], Sasp, Instinuo Brasileiro de Planejamento, Instituto de Engenharia, MAF –Movimento de Arregimentação Feminina –, pediam que se retirassem os projetos e que fosse criada uma nova comissão especial de zoneamento, reunindo entidades representativas

---

26 Villaça reforça esta nossa análise da seguinte forma: "o PDDI-71 foi elaborado na maior discrição por técnicos da própria prefeitura e não por técnicos alheios à administração" e "foi aprovado pela mais arrochada, expurgada e amedrontada Câmara Municipal que a cidade já teve" (VILLAÇA, 1999, p. 219-220).

da sociedade civil, para estudarem mais detalhadamente as alterações nas leis que regem o município de São Paulo (*Revista Construção*, 15 fev. 1982, p. 4).

Mesmo com a mobilização, o "pacote de zoneamento" foi aprovado e sancionado em 30 de dezembro de 1981. Ao movimento social restou divulgar seu documento contrário à aprovação da lei, porque o mesmo, supostamente, conforme a *Revista Construção* (15 fev. 1982, p. 4), "não chegou às mãos do prefeito". Porém, a matéria informa que as tentativas de "alertar a população sobre o destino da cidade no que tange à habitação popular e à qualidade ambiental" fracassaram. Restou então "aos signatários daquele documento estudarem a possibilidade de entrar com uma ação popular requerendo a nulidade das medidas".

Não encontramos outras matérias sobre esse assunto para sabermos se a ação popular foi encaminhada e considerada pelas autoridades. Porém, salientamos que a forma como foi aprovada a Lei n. 9.413, de 30 de dezembro de 1981, demonstra bem o caráter autoritário do modo como foi conduzida a legislação urbanística e habitacional. Do mesmo modo, assinala para necessidade dos que estavam à frente do poder público em estabelecer normatizações sobre a cidade.

Lendo essa série de leis, decretos e planos, além da forma como eram conduzidos, vale novamente lembrar as análises de Henri Lefebvre em relação à situação da habitação e o papel do Estado após a Segunda Guerra Mundial: "seria possível dizer que a função pública se encarregava daquilo que outrora entrava numa economia de mercado" (1969, p. 23). Neste sentido, a obtenção de recursos financeiros para a atuação do Estado era fundamental.

No caso brasileiro, em relação à habitação e outras políticas urbanas, o BNH possuiu um papel decisivo. Além das orientações urbanísticas, formulou o modelo de arrecadação para a habitação social. Entre outros recursos, gestava o Fundo de Garantia por Tempo de Serviços – FGTS (poupança compulsória dos trabalhadores), responsável por financiar os investimentos imobiliários que seriam prioritariamente destinados à população de "baixa renda".

Segundo a Secretaria de Economia e Planejamento do Governo do Estado de São Paulo, em estudo escrito em 1979, intitulado *Construção de moradias na periferia de São Paulo*:[27]

---

27 Além da Secretaria de Economia e Planejamento do Governo do Estado de São Paulo – SEP –, foi realizado em convênio com a Empresa Metropolitana de Planejamento da Grande São Paulo – Emplasa – e participação

O BNH foi constituído (1964) com um capital integralizado de um bilhão de cruzeiros antigos e tinha o seu crescimento assegurado pela arrecadação compulsória de 1,0% da massa de salários do país, sujeita ao regime da CLT. Já em 1967, entretanto, o BNH assumiu a gestão dos depósitos do FGTS [...], ao mesmo tempo em que era implantado o SBPE – Sistema Brasileiro de Poupança e Empréstimo –, o que fazia afluir para os seus cofres recursos que acabaram por torná-lo a segunda potência financeira do país e, quem sabe, a maior potência mundial voltada exclusivamente para o problema da habitação (SEP, 1979, p. 32).[28]

De acordo com os pesquisadores do Centro de Brasileiro de Análise e Planejamento – Cebrap, esse período foi quando as empresas transferiram:

> o custo da moradia (aquisição, aluguel, conservação do imóvel) e os de transporte para o próprio trabalhador e os custos dos serviços urbanos básicos, quando existentes, para o âmbito do Estado. Deste momento em diante, as vilas operárias tendem a desaparecer e a questão da moradia passa a ser resolvida pelas relações econômicas no mercado imobiliário. Surge no cenário urbano o que será designado "periferia" (CAMARGO, 1975, p. 25).[29]

A Cohab, criada cerca de um ano e três meses após a constituição do BNH, em 16 de novembro de 1965, com a "finalidade de construir moradia para a população de baixa renda" (Lei Municipal 6.738, de 16 de novembro de 1965), como as outras Companhias Estaduais de Habitação, foi um dos principais "organismos interpostos" que recebeu os recursos gestados pelo BNH, por ser compreendida como estratégica pelo governo federal em relação à sua atuação nas cidades. Isso fica claro nas palavras do diretor de coordenação e planejamento do BNH, Luís Sande, durante o "Encontro Nacional de Cohabs", realizado em São Paulo, entre os dias 1 e 3 dezembro de 1977, contando com a presença de 35 companhias de habitação popular dos 22 estados e do

---

técnica do Instituto de Planejamento Regional e Urbano da Universidade de São Paulo – Urplan-USP.

28 Constituíam o Sistema Brasileiro de Poupança e Empréstimo – SBPE – as seguintes instituições financeiras: Caixas Econômicas Federal e Estadual; Sociedades de Crédito Imobiliário – SCIS; e Associações de Poupança e Empréstimo – APES.

29 Uma leitura crítica sobre a política habitacional, os planos e projetos urbanos pode ser encontrada nas seguintes obras: BOLAFFI (1979); BONDUKI (1998, 2000 E 2008); DEÁK E SCHIFFER (1999); GITAHY (2002), L.C. & PEREIRA; GROSTEIN (1987 E 1990); KOWARICK (1970, 1979 E 1994); LEME; (1999); MARICATO (1996); REIS FILHO (1991, 1996 E 2001); ROLNIK (1997); SACHS (1985 E 1999); SAMPAIO (1981 E 2002); VILLAÇA (1995, 1998 E 1999).

Distrito Federal, além dos membros da direção nacional do BNH e autoridades estaduais e municipais. Durante o encontro, Sande destacou que "o êxito de qualquer Cohab será o êxito do BNH. O fracasso de qualquer Cohab será o fracasso do BNH" (*Revista Construção*, 19 dez. 1975, p. 28).

Aquela Companhia "tomava a seu cargo a construção de habitações", repassando a despesa com a moradia para o próprio trabalhador e os custos da infraestrutura e os serviços urbanos para o poder público local, estadual e federal. Para a realização de seus projetos, a Cohab-SP, economicamente ligada às orientações do BNH, obtinha financiamento junto aos recursos do FGTS, administrados pelo Banco Nacional da Habitação, seguindo as diretrizes daquela instituição, como fica claro na análise a seguir retirada do Plano Urbanístico Básico:

> Além do financiamento da produção de habitações, o BNH também concede financiamento às obras de saneamento urbano, mantém um programa de financiamento de matérias de construção e contribui, através do SERFHAU, para o planejamento urbano integrado. Os programas habitacionais oficiais dirigidos à população de renda baixa e média-baixa deverão atender 70% das necessidades, propiciando 480.000 novas unidades através da Cohab, Caixas Econômicas, cooperativas habitacionais com a participação finaceira do BNH (PUB, 1969, p. 98).

Com os recursos, a Cohab contratava construtoras, realizava as construções e intervenções, repassando, supostamente a "preço de custo", as unidades habitacionais aos consumidores finais que se incumbiam de pagar o financiamento para aquela Companhia. Aqui vale salientar que as construções da Cohab também movimentavam o mercado da construção civil e de material de construção. Aquela Companhia se associava a empresas do setor privado no sentido da realização das obras e da compra do material de construção. Assim, parte dos recursos do BNH e do poder público local dirigiam-se às empresas contratadas pela Cohab.

A título de demonstração de como a construção da moradia popular movimentava a indústria da construção civil, durante o Encontro Nacional de Cohabs de 1977 nove empresas apresentaram seus processos de construção:

> Construtora Balbo – sistema outinord; Construtora Opus – sistema geo-sistem; Racional Engenharia – sistema preford; Oxford – sistema estiot; Cisa-Construções

Industrializadas – paredes portantes ou de enrijecimento de laje nervurada produzida em usina e paredes internas moldadas na obra; Pumex – painéis e lajes de concreto expandido, pré-fabricado; Reago – alvenaria armada com blocos de concreto estrutural; e Prensil – alvenaria armada com blocos sílico-calcários. Outras empresas, como a Método (construtora) e a Precise (sistema construtivo) também participaram da reunião e dos debates [...]. As perspectivas abertas pelo BNH nos últimos dois anos estão estimulando a formação de várias empresas que ainda não entraram no mercado, como por exemplo a Dyba, que utiliza tecnologia chilena para pré-moldagem de painéis autoportantes de concreto leve (o agregado utilizado é o isopor) (*Revista Construção*, 5 dez. 1975, p. 9).

Imagem 9
Capa da revista
Construção São
Paulo

Data: 20/02/1978.
Localização: não fornecida pela revista, porém, trata-se da construção de conjuntos da Cohab-SP

Pelo visto, a concorrência era grande pela escala do projeto envolvendo uma larga quantidade de construções a médio e longo prazo. Além disso, a garantia do pagamento era oferecida pelo governo federal com os recursos proveniente do FGTS, administrados pelo BNH. Porém, a decisão de qual seria a empresa vitoriosa nas construções era realizada mediante concorrência administrada pela Cohab (empresa de capital misto) e não pelo governo. Por exemplo, em 1975, a Cohab anunciava que a concorrência resultou na construção de cerca de "2.320 apartamentos" do Conjunto Itaquera I-B, setor I, realizada pela Construtora Balbo em conjunto com a Construtora Erg (*Revista Construção*, 5 dez. 1975, p. s/n).

Em 1977, após uma nova concorrência, também arbitrada pela Cohab, a empresa vitoriosa foi a Construtora Beter, porque já utilizava então uma nova tecnologia que permitiria a construção dos conjuntos habitacionais "em escala industrial" e, portanto, em grande velocidade, num custo menor por utilizar a alvenaria armada com blocos de concreto, como podemos ver na foto seguinte. Segundo as análises da *Revista Construção*, comentando o "I Seminário sobre Alvenaria Estrutural",[30] realizado entre os dias 15 e 17 de junho de 1977, esta nova tecnologia da construção civil ainda

> não era muito conhecida pelos órgãos responsáveis pela execução de programas de habitação popular, campo de onde ela encontra grandes perspectivas em função da rapidez e dos custos inferiores de 15% a 30% em relação aos sistemas construtivos tradicionais (*Revista Construção*, 27 jun. 1977, p. 8).

As duas matérias citadas da *Revista Construção* em nenhum momento discutem o conforto do morador e/ou a qualidade ambiental dos imóveis resultantes desta nova tecnologia produtiva. Possivelmente esses não eram considerados relevantes, mas sim a diminuição dos custos e a velocidade na construção, que permitiria maior quantidade de Cohabs em menor tempo possível. Segundo a Cohab, foram estes fatores que tornaram a Construtora Beter, em 1977, vitoriosa na concorrência de então, por introduzir a alvenaria armada com blocos de concreto.

---

30 O Seminário foi promovido pela Divisão de Construção Civil do Instituto de Engenharia e organizado pela Pini Congressos (a família Pini também era a responsável pela *Revista Construção*). O evento foi realizado no auditório da Federação das Indústrias do Estado de São Paulo (FIESP) e contou com a participação de agentes do setor privado, do poder público e entidades associativas de categorias profissionais: "50 empresas de engenharia, construtoras, imobiliárias e escritórios de arquitetura; órgãos públicos, entre estes a ABNT, o IPT, a CECAP, o INOCOOP-SP, o INOCOOP-Bandeirantes e a Cohab-SP; entidades do setor privado ou profissionais como ABCP e a IAB-SP" (*Revista Construção*, 5 dez. 1975, p. 9).

O primeiro passo na área da habitação popular foi dado pela Construtora Beter, que deverá construir 1.620 apartamentos em alvenaria estrutural em Itaquera, para a Cohab-SP, no prazo de 12 meses. A Beter, que venceu a concorrência julgada pela Cohab-SP em janeiro deste ano [1977], utilizará blocos da Reago, subsidiária da Camargo Corrêa (*Revista Construção*, 27 jun. 1977, p. 8).

A disputa entre os fabricantes de material de construção civil também era grande para ganhar as concorrências promovidas pela Cohab. Além da Reago (citada no texto acima), o mercado de blocos era disputado pelas seguintes empresas: Regional São Paulo, Concretex, Concremix, Prensil, Oxford, entre outras. A propaganda a seguir da Concremix, publicada na *Revista Construção*, demonstra que as empresas investiam para tornarem-se vitoriosas não só na vendagem como nas disputas pelas construções da Cohab-SP. Pela imagem, o que regia a concorrência eram as leis de mercado, como fica claro no texto da matéria na sequência, que desqualifica os outros blocos, chamados de comuns e com tecnologia deficiente.

Imagem 10 – A agressividade da propaganda permite perceber o tom da disputa pelo mercado de material para construção civil, no qual a edificação dos conjuntos habitacionais da Cohab fazia parte. Fonte/Elaboração: *Revista Construção São Paulo*, p. s/n. Data: 27/06/1977.

"Faça o teste: segure nas mãos um bloco CONCREMIX e depois um bloco comum. De imediato você vai sentir a qualidade dos blocos CONCREMIX. Com a mesma qualidade de seu concreto pré-misturado, a CONCREMIX fabrica seus blocos de concreto. Com resistência, robustez e ótimo acabamento. Depois de analisar as deficiências encontradas nos blocos comuns, a, CONCREMIX desenvolveu, com a mais avançada das normas técnicas, o seu bloco proporcionando 100% de aproveitamento. Sua utilização é aplicada para todo segmentos de mercado como: alvenaria estrutural, acabamento a vista, aplicação direta de gesso, massa fina e pintura, para embutir sistema elétrico e hidráulico, como isolante térmico e acústico."

Salientamos que a Cohab, no caso paulistano, também possuía isenção de impostos e tributos municipais em suas construções, apesar do questionamento presente em alguns de seus pedidos feitos por técnicos do poder público municipal. Estes questionamentos quanto aos "benefícios" solicitados pela Cohab ocorriam porque a mesma era empresa de economia mista, apesar de possuir como sócio majoritário a Prefeitura Municipal.

Coincidentemente, isso ocorreu quando da solicitação de isenção dos impostos municipais para a construção dos Conjuntos Residenciais de Guaianases, futura Cohab-Tiradentes. Um dos pareceres que constam do Processo Administrativo gerado pela solicitação (Processo Administrativo n. 37.548, 4 de novembro de 1971), apresentado por Gilberto Bum Rossi – Chefe de Inspetoria –, esclarecia que:

> Ao contrário do que alguns pensam, a Cohab não é órgão de assistência social, nem entidade de filantropia. Trabalha, outrossim, perfeitamente entrosada com o Banco Nacional de Habitação. A Cohab, como sociedade de economia mista que é, face a sua natureza de entidade de direito privado, está sujeita à legislação que rege as demais sociedades comerciais comuns, respondendo, civilmente, pela satisfação de suas obrigações [...] Não se nos afigura, portanto, que a Cohab-SP, em razão de sua natureza jurídica, mereça gozar de isenção tributária (Processo Administrativo n. 37.548, 4 de novembro de 1971, folha 161-163).

Porém, apesar das indagações daquele Chefe de Inspetoria em sendo concedida ou não a isenção de tributos municipais naquele caso específico, esse foi o caminho adotado pela Cohab-SP, que era o direcionado pelo BNH: o de alocar para o poder público local (municipal e estadual) os custos com impostos e infraestrutura, apesar do financiamento obtido junto ao Banco Nacional de Habitação. Para o futuro morador dos conjuntos da Cohab ficariam o valor final da compra da moradia e os posteriores tributos municipais.

Este quadro fica mais claro ainda em outro parecer do mesmo processo relativo à solicitação de isenção de impostos para a construção dos Conjuntos Residenciais de Guaianases. De forma positiva em relação à isenção, Aldo Barca, outro Chefe de Inspetoria da Prefeitura, concluía o seguinte sobre o pedido da Cohab:

> No que diz respeito aos tributos de competência deste Departamento referidos no item n. 2 da promoção do Senhor Assistente de PREF.-G, data de 13 de setembro do corrente ano, permitimo-nos argumentar o que parece razoável para salvaguardar os interesses do Município.

A ampla isenção tributária preconizada na Minuta de Projeto de Lei anexa, rubricada como fls. 156, abrigará, da forma como redigida, todos os impostos municipais, a partir de 1971, inclusive.

Data vênia, valemos-nos desta oportunidade para alertar a Superior Adminsitração acerca dessa isenção, que deve, no nosso entender, ter a amplitude prognosticada tão somente enquanto o imóvel permanecer sob inteira responsabilidade da Cohab-SP. Desde que compromissado à venda (uma das finalidades da Sociedade), o imóvel deixará de merecer aquele favor, subordinando-se então, ao pagamento de impostos e taxas (Processo Administrativo n. 37.548, 29 de outubro de 1971, folha 158).

Desse modo, os futuros moradores e a municipalidade arcariam com as despesas das habitações construídas pela Cohab. No parecer conclusivo a seguir, do mesmo Processo Administrativo em análise, também justificando a isenção de tributos para aquela companhia, transparece o quanto essa forma de gestar a habitação popular e a Cohab eram vistas como estratégicas para a reordenação da cidade de São Paulo. Citando o próprio texto de criação da Companhia Metropolitana de Habitação de São Paulo, o parecer argumenta a favor da isenção ao destacar a importância da atuação daquela empresa junto à camada social de menor renda da população:

Sem embargo, o seu controle acionário [da Cohab] pertence ao Município e seus fins, longe de revestirem-se das metas comuns às sociedade anônimas, são os de: "estudar os problemas da habitação, principalmente habitação popular, na área metropolitana de São Paulo, planejar e executar suas soluções, em coordenação com os diferentes órgãos públicos ou privados, municipais ou não, visando tornar acessível às classes de menor renda a aquisição ou construção de casa própria" (Processo Administrativo n.c 37.548, 29 de outubro de 1971, folha 158 e Lei Municipal n. 6.738, 16 de novembro de 1965).

Porém, apesar do objetivo de "tornar acessível às classes de menor renda a aquisição ou construção de casa própria", os valores das edificações, por vezes, ainda eram distantes da capacidade econômica de pagamento de parte significativa das famílias moradoras nas Cohabs, cuja renda exigida girava em torno de três a cinco salários mínimos. Uma demonstração disto foi que, em 1975, a Cohab-SP precisou aperfeiçoar seus mecanismos para combater a "inadimplência" dos moradores dos conjuntos habitacionais, conforme artigo publicado na *Revista Construção*, analisando o "Encontro

Nacional" de Cohabs. No artigo, intitulado "Saída para as grandes cidades: verticalização e industrialização", comentando a palestra denominada "Política Habitacional: Urbanização e Industrialização", proferida pelo secretário municipal de Habitação e Desenvolvimento Urbano, Ernest Mange, acentua-se que em São Paulo foram adotadas as seguintes medidas para deter a "inadimplência" dos moradores das Cohabs:

> Até 1975, os conjuntos da Cohab-SP recebiam a visita semanal de uma assistente social; hoje, a entidade mantém uma equipe permanente de dois ou três profissionais por conjunto, que trabalham de segunda a domingo, que desenvolvem atividades para adaptação dos moradores aos conjuntos, de desenvolvimento social (atividade para melhoria dos níveis de renda e cultural), promoção de atividades para maior relacionamento entre a população de cada conjunto e entre os moradores dos diversos núcleos etc. Com a atuação das assistentes sociais, a Cohab-SP logrou reduzir o índice de mutuários inadimplentes de 60% para cerca de 15%, adotando, ao mesmo tempo, critérios mais rigorosos para a seleção dos candidatos. Quando o mutuário atrasa a 4ª prestação, ele é notificado e procurado pelo departamento de desenvolvimento comunitário, que busca detectar as causas e, se possível, promove a solução; até o 12º mês, elas procuram ajustar um acordo. Somente após esses prazos é encaminhado para o departamento jurídico (*Revista Construção*, 5 dez. 1975, p. 14).

O artigo só não comentou o que ocorreria após o encaminhamento ao departamento jurídico, caso o mutuário não conseguisse saldar seus débitos. Porém, ao que tudo indica, ocorreria a ação de despejo. Assim, nem todos os moradores das Cohabs e da cidade conseguiriam morar nos conjuntos habitacionais – tema dos nosso terceiro capítulo.

Vale considerar que por vezes os gastos com as construções da Cohab ultrapassavam sua proposta inicial de baixo custo. Além dos valores gastos com a construção das edificações, a localização dos conjuntos habitacionais e a falta de infraestrutura eram fatores que influenciavam na elevação dos gastos com as obras desses conjuntos.

Como analisamos no primeiro capítulo deste trabalho, esse foi o caso, entre outros, do Conjunto Habitacional Santa Etelvina (localizado na atual Cidade Tiradentes), construído na década de 1980. A ausência de estrutura básica, a localização e a distância da área em relação a regiões com o mínimo de urbanização fizeram com que os custos daquele conjunto fossem elevados, como permite analisar a matéria da *Revista Veja* sobre aquela construção. Conforme a revista, o Banco Nacional de Habitação precisou repassar "500 milhões de cruzeiros à Cohab, apenas para cobrir os prejuízos causados pelas chuvas" do ano de 1983, que "agredira o terreno levando, morro abaixo, ruas, encanamentos e até as escadas de algumas casas" (*Veja*, 26 out. 1983, p. 72).[31]

Essa situação leva a pensar que o propósito de construir a moradia popular na periferia, além de baixar o custo da habitação social, era mesmo de reorientar a distribuição de uma parte da população para aquelas áreas. Talvez por esta razão, além da Prefeitura Municipal de São Paulo, tanto o governo federal, estadual e parte do setor privado salientavam a importância dos projetos e do modelo adotado pela Cohab no sentido da reordenação da cidade de São Paulo. Isto fica claro no trecho do Plano Urbanístico Básico, financiado pelo governo federal:

> Os programas da Companhia Metropolitana de Habitação (Cohab-SP), sociedade de economia mista, da qual a prefeitura de São Paulo é a maior acionista, deverão expandir-se para abranger não apenas a produção direta de conjuntos residenciais, mas também para atender à ampliação de cômodos e à melhoria das condições sanitárias de habitações existentes, bem como realizar programas sócio-educativos e técnicos destinados a orientar a autoconstrução (PUB, 1969, p. 98).

Ressaltamos a importância dessas análises sobre a Cohab presentes no PUB pelo significado estratégico deste na reordenação social e urbana da cidade. Apesar de não ser possível afirmar que os projetos da Cohab foram determinados pelas orientações presentes no PUB, é pertinente pensar que as construções dos conjuntos residenciais da Cohab, incluindo os da Cidade Tiradentes, fizeram parte desse contexto de orientações urbanísticas e sociais num momento em que o estado assumia o controle sobre as construções da habitação popular, repassando para o morador os custos com a habitação e para as municipalidades os gastos com os serviços e infraestrutura urbana.

Assim, a Companhia Metropolitana de Habitação de São Paulo, orientada e/ou influenciada pelo planejamento urbano e pelas políticas ditadas de Brasília por meio do BNH e SERFHAU, em consonância com órgãos internacionais como a United States

---

31 Raquel Rolnik (1997, p. 204) analisa: "considerando as dificuldades decorrentes da localização desses grandes conjuntos [...] o custo unitário dessas moradias, computados a extensão das redes de infraestrutura e equipamentos, os serviços de terraplenagem e recuperação da erosão causada pela própria terraplenagem, é comparável ao custo de uma habitação de classe média no mercado privado".

Agency for International Development – USAID, possuiu um papel fundamental na reordenação urbano-social municipal paulistana que propunha, de forma confiante no planejamento, tornar São Paulo "mais racional e mais humana".

Entretanto, nas entrelinhas da citada matéria do *Estado de São Paulo*, dos planos urbanísticos (PUB e PMDI) e dos documentos da Cohab-SP, transparece a forma como a chamada parcela da população de "baixa renda" e/ou "sem renda" seria considerada nessa "nova" São Paulo que nascia: mais como um dado da racionalização e menos como participante da humanização que se pretendia na capital paulista.

Nesse redesenho da cidade, a construção da habitação popular nas periferias mais distantes para a população de "baixa renda" era fundamental no sentido da manutenção da ordem social e do desenvolvimento econômico desejado nas áreas urbanizadas, centrais e de importância. Neste sentido, eram necessárias, além do planejamento, alterações na legislação da cidade.[32]

Como debate Raquel Rolnik (1997, p. 200), "apesar das propostas gerais contidas no PDDI", bem como no PUB, nunca terem sido implementadas, "a primeira Lei de Uso e Ocupação do Solo, ou Lei de Zoneamento da cidade" (Lei n. 7.805, de 1º de novembro de 1972) "foi decorrência direta do modelo proposto" (ROLNIK, 1997, p. 200).[33] Esta primeira Lei de Zoneamento paulistana e sua posterior complementação e regulamentação (Lei n. 8.001, de 28 de dezembro de 1973 e Decreto Municipal n. 11.106, de 28 de junho de 1974, que regulamentou as Leis n. 7.805 e n. 8.001) foi fundamen-

---

32 Podemos pensar que as origens desse processo podem ser encontradas na década de 1940 quando, segundo Bonduki, foi transferido para o "Estado e para os próprios trabalhadores o encargo de produzir suas moradias. Esse processo ocorreu na década de 40 em meio a uma das mais graves e dramáticas crises de moradia da história do país, provocando o surgimento de formas alternativas de produção de moradias, baseadas no autoempreendimento em favelas, loteamentos periféricos e outros assentamentos informais". O autor analisa que, em grande parte, essa crise habitacional decorreu da Lei de Inquilinato que, ao congelar os preços dos aluguéis, incentivou a reutilização das antigas habitações e especulação imobiliária, resultando no "despejo de locatários de baixa e média renda" das áreas mais urbanizadas (BONDUKI, 1998, p. 209). Porém, na nossa análise, foi mesmo a partir da década de 1960, com as Cohabs, o momento em que o Estado buscou intervir no processo de periferização da cidade.

33 Flávio Villaça possui uma posição contrária à ideia de qualquer influência dos planos urbanísticos na formulação da primeira Lei de Zoneamento paulistana. Para Villaça, "o zoneamento, como dissemos, tem sua própria história, e o de São Paulo vinha se desenvolvendo havia décadas; o PDDI em nada interferiu nessa história nem nas propostas da Lei de Zoneamento de 1972" (VILLAÇA, 1999, p. 220).

tal porque constituiu a zona Z8 100/1 que, segundo Rolnik, localizava na "primeira franja da zona rural" (onde hoje se localiza grande parte da periferia paulistana) a área "destinada à produção de moradia popular" que seria construída por empresas como a Cohab" (1997, p. 203).

De acordo com o Decreto Municipal n. 11.106, de 28 de junho de 1974, que regulamentou a Lei n. 7.805, de 1º de novembro de 1972, a Z8 seria:

> Art. 27 – A zona de usos especiais (Z8), a que se refere o artigo anterior [o texto remete ao Art. 26 que descrimina as Zonas conforme o uso], será objeto de planos específicos, elaborados pela Coordenadoria Geral de Planejamento – COGEP –, no prazo de 1 (um) ano, para cada um dos seus perímetros, contado a partir da data de publicação da Lei n. 8.001, de 28 de dezembro de 1973.
>
> § 1º – Para fins deste decreto, fica a zona rural do Município classificada como zona de uso especial Z8.100 com perímetros coincidentes com os da atual zona rural.
>
> Art. 3º – § 1º – Na zona rural o parcelamento do solo somente será permitido em áreas delimitadas por lei para fins de expansão urbana, mediante regulamentação própria e autorização do Instituto Nacional de Colonização e Reforma Agrária – INCRA (Decreto Municipal n. 11.106, de 28 de junho de 1974).[34]

Assim, os planos e a legislação urbana do período, além de representarem a importância que o planejamento adquiriu como suporte e/ou ocultamento dos interesses e intervenções sobre a cidade dos grupos vinculados ao poder público e ao setor privado,[35] possibilitam apreender qual seria a localização e função da habitação popular. Apesar da existência da Cohab no período do PUB, a equipe técnica daquele plano urbanístico buscou indicar, entre suas propostas, as localidades onde seriam construídos os novos conjuntos habitacionais, bem como a quantidade necessária de construções para atender a demanda por moradia popular.

---

34 Para Villaça (1999, p. 222), se o planejamento urbano é "fundamentalmente discurso, cumprindo missão ideológica de ocultar os problemas das maiorias urbanas e os interesses dominantes na produção do espaço urbano", as "leis específicas de zoneamento, separadas dos planos diretores, são operacionais, aprovadas nas Câmaras Municipais e executadas (evidentemente com os percalços típicos da execução de tantas leis no Brasil). [...] Esta é a razão pela qual o zoneamento é a prática de planejamento urbano lato sensu mais difundida no Brasil" (p. 178).

35 Neste sentido, concordamos com Villaça que o planejamento possuía uma "missão ideológica de ocultar os problemas das maiorias urbanas e os interesses dominantes na produção do espaço urbano" (1999, p. 223-224).

Mesmo não encontrando fontes que permitam afirmar que a Cohab seguiu as diretrizes do PUB, assim como do PDDI e das Leis de Zoneamento do período, é possível ponderar que aquele plano procurou orientar as ações quanto aos conjuntos residenciais para as áreas mais distantes. Entre outras indicações, o PUB (1969, p. 99) assinalava: "no que se refere à produção de habitações, o programa Cohab prevê a oferta de 300.000 novas unidades habitacionais para atender 40% da demanda demográfica das classes de renda média-baixa".

Assim, se os planos e leis urbanísticos não foram empreendidos em sua plenitude, acreditamos que as indicações quanto à localização espacial das construções relativas à habitação da parcela mais pobre da população foi um dos aspectos que se buscou implementar. A título de demonstração, até a data do início dos trabalhos do PUB, em 1968, a Companhia Metropolitana de Habitação havia iniciado a construção em 1966 do seu primeiro conjunto residencial na Zona Leste (São Miguel Paulista), denominado como Capitão PM Alberto Mendes, inaugurado em 1967. Em 1968, a Cohab inaugurou dois conjuntos habitacionais intitulados como Parque dos Ipês e Mascarenhas de Moraes, ambos também na Zona Leste, em Sapopemba.

Porém, foi mesmo a partir da década de 1970 que a Cohab construiu a maioria dos seus conjuntos, num período coincidente com a publicação dos resultados finais do PUB (1969), do Plano Diretor de Desenvolvimento Integrado (1971), do Plano Metropolitano de Desenvolvimento (1971) e da Lei de Zoneamento (1972). A localização de grande parte destas edificações foi na Zona Leste paulistana, indicada nestes planos como uma das principais áreas para a construção deste tipo de "empreendimento". Até porque aquela região possuía uma parte significativa de seu território considerada como Z8, "onde os terrenos eram de baixo preço, já que se tratava de terrenos [ainda] situados em zona rural" (ROLNIK, 1997, p. 203).

A planta que segue, projetando o número de moradores em cada região da cidade, divididas em Administrações Regionais que estavam sendo propostas pelo PUB, é uma demonstração de como o crescimento da periferia era previsto e desejável. Vale comparar essa planta com o histórico das construções da Cohab apresentado a seguir.

Planta 3 – Evolução populacional por administrações regionais: 1969-1990

Fonte/Elaboração: PUB –
Plano Urbanístico Básico
de São Paulo Laboratório.
Data: 1969.

Pela planta acompanha-se que a cidade projetada seria dividida em 16 Administrações Regionais – AR. Entretanto, vale esclarecer que, conforme o Mapa 4 do primeiro capítulo deste trabalho (Subprefeituras do Município de São Paulo: 2002), São Paulo foi organizada com 26 Administrações Regionais e não 16, como proposto no PUB.

Outra informação válida é que, em 2002, as áreas que pertenceriam na proposta do PUB a somente duas Administrações Regionais constituíram as AR de Guaianases, Itaquera, São Mateus e Aricanduva-Vila Formosa. Quanto à atual Subprefeitura Cidade Tiradentes, na ocasião era inexistente para o poder público mesmo como distrito ou subdistrito (veja no primeiro capítulo o Mapa 1 – Distritos e Subdistritos de São Paulo: 1964/1968) e estava ausente nas explanações do PUB. Nas propostas do Plano Urbanístico, a área da atual Cidade Tiradentes seria parte da Adminsitração Regional da Vila Prudente, uma das áreas projetadas para ter um dos ritmos de crescimento mais expressivos.

Isto assinala que a dinâmica humana e urbana nem sempre corresponde à objetividade presente nas previsões e propostas dos planejadores, legisladores e administradores urbanos. Porém, voltamos a salientar, no que diz respeito às indicações do desenvolvimento populacional e da habitação popular nas áreas periféricas na zona leste, particularmente quanto à localização nas áreas mais distantes do centro e das regiões urbanizadas, as diretrizes propostas foram em grande parte implementadas.

É possível acompanhar na planta que nas Administrações Regionais propostas para a extremidade leste (Administração Regional Vila Prudente e Administração Regional São Miguel/Itaquera/Guaianases), as projeções de crescimento demográfico previam uma evolução populacional mais do que dobrando a população entre 1969–1990. Neste sentido, na divisão proposta nos interessa particularmente a área pertencente à Administração Regional da Vila Prudente, onde seriam instalados os conjuntos habitacionais da Cidade Tiradentes. Aquela área já era projetada para constituir-se como uma das mais povoadas em 1990, de acordo com a proposta apresentada.

Segundo números que aparecem no mapa, a população da Administração Regional da Vila Prudente iria evoluir de 469.905 habitantes em 1968 para uma população estimada em 1.073.800 habitantes em 1990, superando mesmo a população do território que formaria a Administração Regional composta por São Miguel, Itaquera e Guaianases (1968 – 250.563 habitantes, e 1990 – 775.000 habitantes).[36]

Foi para as franjas da periferia leste, localizada na planta pelas Administrações Regionais Vila Prudente e São Miguel/Itaquera/Guaianases, que se encaminharam as construções da Companhia Metropolitana de Habitação de São Paulo, incluindo a Cohab-Tiradentes. Após 1968, a Cohab construiu:

- 1970 - O conjunto habitacional Brigadeiro Haroldo Veloso, em Guarulhos.

---

36 Pelas estimativas dos organizadores do PUB, a população da cidade calculada para 1990 ficaria entre 10 e 13 milhões de pessoas (PUB, 1969; OESP, 13 dez. 1968, p. 15). Pelos dados do IBGE, em 1990 a cidade atingiu o número de 9.646.185 moradores.

- 1972 - Os conjuntos habitacionais: Jardim Educandário – Zona Oeste; e Presidente Castelo Branco – Carapicuíba.
- 1975 - O conjunto habitacional Prefeito Prestes Maia, na *Zona Leste*.
- 1976: O conjunto habitacional Bororé.
- 1978: Os conjuntos habitacionais: Padre Manoel da Nóbrega (Itaquera I-B) – *Zona Leste*; Padre José de Anchieta (Itaquera I-A) - *Zona Leste*; e Padre Manoel de Paiva (Itaquera I-C) - *Zona Leste*.
- 1980 - Os conjuntos habitacionais: José Bonifácio (Itaquera II/III) - *Zona Leste*; e Vila Maria (I/II/III) - *Zona Leste*.
- 1981: Os conjuntos habitacionais: Fernão Dias – Zona Norte; e Elísio Teixeira Leite – Zona Norte.
- 1982: Os conjuntos habitacionais: Estrada da Parada – Zona Norte; Pêssego – *Zona Leste*; Rio Claro – *Zona Leste*; São Luís – Zona Sul; e Teotônio Vilela – *Zona Leste*.
- 1983: Os conjuntos habitacionais: Presidente Juscelino Kubitscheck – *Zona Leste*, no Jardim São Paulo; Raposo Tavares – Zona Oeste; Sítio dos Franças – *Zona Leste*.
- 1985: Os conjuntos habitacionais: Barro Branco II – *Zona Leste*; Itapevi; Barro Branco I (Castro Alves) – *Zona Leste*.[37]

Quanto à Cohab-Cidade Tiradentes, a inauguração das primeiras edificações que resultaram naquele Conjunto Habitacional ocorreu em 1984. Porém, o Memorial Descritivo para a utilização daquela área já tinha sido apresentado pela Companhia Metropolitana de Habitação para a Prefeitura em 12 de agosto de 1971 (Cohab-SP, 12 de agosto de 1971).

De acordo com o PUB, para concretizar o desenvolvimento populacional da cidade em direção às suas periferias, era prioritária a construção de habitações para a população de "baixa renda". Os conjuntos habitacionais das Cohabs eram assinalados como estratégicos pelo Plano Urbanístico Básico por serem a grande solução para as demandas imediatas existentes em 1969: "Construir, com financiamento do Banco Nacional da Habitação, 480.000 novas unidades habitacionais para atender a 70% das

---

37 O grifo dado ao termo Zona Leste é nosso.

necessidades da população de média-baixa e baixa-renda, dos quais 300.000 através da Cohab-SP" (PUB, 1969, p. 27).

Do mesmo modo, as construções da Cohab seriam a solução para as demandas futuras e projetadas para 1990:

> As necessidades de habitação no Município de São Paulo foram definidas segundo dois grandes grupos de demanda: a normativa e a demográfica. A primeira corresponde ao número de novas habitações necessárias para substituir as inadequadas e para reduzir o congestionamento. A segunda refere-se ao número de unidades necessárias em decorrência do aumento da população. A necessidade de novas habitações até 1990 atinge a 1.426.000 unidades, sendo 1.255.000 correspondentes à demanda demográfica para todas as classes de renda e 171.000 correspondentes à demanda normativa, referente à substituição de habitações inadequadas e eliminação da coabitação involuntária de famílias. [...] Os programas da Companhia Metropolitana de Habitação de São Paulo (Cohab-SP), sociedade de economia mista, da qual a Prefeitura de São Paulo é maior acionista, deverão expandir-se para abranger não apenas a produção direta de conjuntos residenciais, mas também para atender à ampliação de cômodos e à melhoria das condições sanitárias de habitações existentes, bem como realizar programas sócio-educativos e técnicos destinados a orientar a autoconstrução (PUB, 1969, p. 98).

Realçamos que, em conjunto com o PUB, os planos e leis citadas marcaram a ampliação da escala de percepção e intervenção sobre a cidade, indicando a periferização do seu desenvolvimento, como transparece quando contrapomos a leitura de seus propósitos. Por exemplo, o Capítulo I – Dos Objetivos e Definições (Seção 1ª – Dos Objetivos) do Decreto Municipal n. 11.106, de 28 de junho de 1974, regulamentando as Leis de Zoneamento, salientava o seguinte:

> Art. 1º – Este decreto, em consonância com a Lei n. 7.805 de 1º de novembro de 1972, tem como objetivo: I – Assegurar a reserva dos espaços necessários, em localizações adequadas, destinados ao desenvolvimento das diferentes atividades urbanas; II – Assegurar a concentração equilibrada de atividades e de pessoas no território e do Município, mediante controle do uso e do aproveitamento do solo; III – Estimular e orientar o desenvolvimento urbano (SÃO PAULO. Decreto n. 11.106, de 28 de junho de 1974).

Os espaços que seriam reservados e indicados para o desenvolvimento urbano ultrapassavam mesmo as fronteiras do município, como fica claro na seguinte análise do Plano Urbanístico Básico:

> Cada vez mais a solução dos problemas de transporte, abastecimento de água, disposição de esgotos, uso do solo, habitação e recreação vão exigir ação conjunta das várias administrações responsáveis por uma parcela de atuação na área Metropolitana. O Município de São Paulo, pela elevada proporção de sua participação na população total da Área Metropolitana e na receita pública da região, deverá assumir papel destacado na sua organização administrativa, unindo seus esforços aos dos municípios vizinhos, do Estado e do Governo Federal, para encontrar caminhos e soluções. O Plano Urbanístico Básico (PUB) apresenta soluções adequadas aos problemas da cidade, prevendo uma concepção integrada do município (PUB, 1969, p. 13).

Vale lembrar que em 29 de março de 1967, o governador do estado de São Paulo, Roberto Costa de Abreu Sodré, procurando intervir no processo de metropolização, criou, pelo Decreto Estadual n. 47.863, a área metropolitana paulista. O mesmo Decreto também criou o Conselho de Desenvolvimento da Grande São Paulo, do Grupo Executivo da Grande São Paulo – GEGRAN –, com a justificativa de constituir a infraestrutura econômica e administrativa com um maior controle estatal para o desenvolvimento da Grande São Paulo (Decreto Estadual n. 47.863 de 29 de março de 1967). É assim, portanto, que São Paulo também se define como metrópole: no papel e na lei.[38]

No Plano Metropolitano de Desenvolvimento Integrado – PMDI – de 1971, revisado em 1975 pela Secretaria de Estado dos Negócios Metropolitanos e pela Emplasa, a ampliação da escala de intervenção aparece na própria divisão do espaço das intervenções urbanísticas a serem realizadas até 1980. Porém, transparece também nas descrições nas intervenções propostas e descrição do quadro existente a hierarquização social dos espaços.

---

38 A criação da Região Metropolitana da Grande São Paulo ocorreu por Lei Complementar Federal n. 14, de 8 de junho de 1973, e por Lei Complementar Estadual n. 94, de 29 de maio de 1974. Inicialmente, a Região foi formada por 37 municípios, posteriormente chegou a 39 (Emplasa, http://www.emplasa. sp.gov.br/, 18 nov. 2003).

Quadro 2 – Evolução demográfica da subprefeitura da Cidade Tiradentes

Centro expandido	Anel intermediário	Anel periférico
Características funcionais		
Sua população estimada para 1974 é de 1,4 milhão (14% da aglomeração), e para 1980, 1,5 milhão; cresceu nos dois últimos decênios 37%, absorvendo 6,8% do crescimento metropolitano.	Sua população, estimada para 1974 é de 6,2 milhões (63% da aglomeração), e para 1980, 7,7 milhões; cresceu nos dois últimos decênios 282%, absorvendo 70,8% do crescimento metropolitano.	Sua população, estimada para 1974, é de 2,0 milhões (20% da aglomeração), e para 1980, 2,9 milhões, absorvendo 22,4% do crescimento metropolitano.
Concentra os usos terciários mais importantes da metrópole, sobretudo comércio varejista central e escritórios (proporção de empregos ou áreas); estes usos se expandem a partir do centro principal (em mancha de óleo e seguindo corredores terciários), invade áreas de indústrias e depósitos e principalmente bairros residências antigos.	Abriga população média e média baixa, e com enclave da população de baixa renda (40% do total) situa-se em bairros populares já consolidados e em número crescentes de favelas e cortiços.	Abriga quase que exclusivamente população de baixa renda, certa proporção de instalações industriais e número insignificante de atividades terciárias.
Abrange a grande maioria das habitações de classe média e alta. Assentamento de classe baixa está presente em número pequeno, mas crescente de cortiço e mesmo de favelas.	Nesta zona situa-se a maior parte das instalações industriais, bem como centros terciários de importância secundária em relação ao centro principal.	–
Concentra em sua reduzida área mais de 50% de veículos da metrópole.	Concentra-se cerca de 45% dos veículos da metrópole.	Concentra não mais de 4% dos veículos da metrópole.

Fonte/Elaboração: Emplasa e Secretaria de Estado dos Negócios Metropolitanos. *O Desafio Metropolitano*. São Paulo, 1975.

Quadro 3 – Caracterização do centro expandido e anéis intermediário e periférico da região metropolitana paulista – 1975

Centro expandido	Anel intermediário	Anel periférico
Infraestrutura		
Tem equipamento de infraestrutura bastante completo (água, esgotos, vias pavimentadas, sistema de drenagem, iluminação pública, telefones). Ocorrências de saturação de algumas dessas redes obrigam às obras continuadas e cirurgias urbanas. Equipamentos de superestrutura exigentes de terrenos são cada vez mais precários pela intensificação da demanda e alto custo das instalações, notadamente para fins de educação e recreação (áreas verdes)	Equipamento de infraestrutura já importante, ainda que incompleto e precário, notadamente os de pavimentação, esgotos e drenagem, deficiências que se agravam na faixa mais periférica.	Equipamento de infraestrutura praticamente inexistente e precário equipamento de superestrutura.
Alguns problemas típicos		
A macrozona se caracteriza pela tendência ao congestionamento, o que se agrava drasticamente com relação ao sistema viário.	A macrozona de urbanização consolidada se caracteriza pela subocupação com relação as vantagens de acessibilidade e infraestrutura e por insuficiência da mesma infraestrutura.	Caracteriza-se por sua ocupação pioneira, rarefeita e desprovida de serviços públicos de infraestrutura e precariedade dos loteamentos e construções, não chega a assumir o caráter de área prioritariamente urbanizada.
Deterioração ambiental manifesta em toda a área, agravando-se em sua porção central, na forma de poluição atmosférica e sonora, deterioração do microclima (insolação e aeração) e da paisagem urbana, ausência de áreas coletivas amenas, descaracterização dos marcos culturais.	Processo de expulsão da população de baixa renda, à qual são inacessíveis os preços de terrenos dotados de infraestrutura.	A população cujo nível de renda é muito baixo apresenta níveis alarmantes de saúde e habitação, sendo insignificante o nível de consumo de serviços públicos e deficiente o abastecimento alimentar.

Processo imobiliário em crise, dado que a área não apresenta terrenos de custo e dimensão compatível com o mercado (demanda) e com a escala e condições mais econômicas para os empreendimento imobiliários.	Deterioração ambiental ocorrente notadamente em áreas atingidas pela poluição industrial.	A expansão e ocupação desordenada dos loteamentos dizimam as poucas áreas verdes, desencadeia a destruição do solo e propicia a poluição das águas.
Insuficiência de alternativa externas a ZC para a implantação de escritórios e de apartamento para classe média.	–	–

Fonte/Elaboração: Emplasa e Secretaria de Estado dos Negócios Metropolitanos. *O Desafio Metropolitano.* São Paulo, 1975.

Apesar de não colocar nomes aos lugares delineados e tratar-se de um Plano Metropolitano – PMDI –, pela descrição acerca das "características funcionais, ocupação física, infraestrutura e problemas típicos", acreditamos que: o *centro expandido* seria hoje o correspondente à área central da cidade e suas adjacências; o *anel intermediário* corresponderia a alguns bairros e cidades das antigas regiões suburbanas (áreas centrais e adjacências das cidades do ABC, Osasco, Guarulhos e de bairros como Tatuapé, Penha, Lapa); *anel periférico*, as áreas mais distantes, entre elas Itaquera, Guaianases e a atual Cidade Tiradentes – lugar indicado pelo PMD e PUB como lugar para moradia de "baixa renda" e/ou na Lei de Zoneamento como Z8 – "onde os terrenos eram de baixo preço, já que se tratava de terrenos situados em zona rural" (ROLNIK, 1997, p. 203).[39]

Assim, pensamos que a condução do desenvolvimento do município e de sua população de menor renda para as áreas mais distantes e periféricas, proposta presente entre as proposições dos Planos Urbanísticos e na legislação urbana, foi uma das características que mais se buscou colocar em prática em decorrência de reorganizar a cidade, visando o controle social-urbano e a hierarquização dos espaços. Neste sentido, a Cohab-SP possui um importante papel por ser a responsável pela construção dos principais conjuntos habitacionais do período nessas áreas.

---

39 No primeiro capítulo realizamos discussão acerca da diferenciação entre os conceitos de subúrbios e periferia. Entre os autores citados destacamos: AZEVEDO; MARTINS; LANGENBUCH.

Entretanto, consideramos que o processo de urbanização através da criação de infraestrutura urbana (esgoto, transporte, arruamento, energia elétrica, pavimentação) e social (escola, creche, rede de saúde, emprego, esporte, lazer), em relação a estas mesmas regiões mais distantes, também proposto nos planos urbanísticos, foram as dimensões "engavetadas" e/ou "emprateleiradas". Ocorreu, assim, uma negligência quanto a estas dimensões nas áreas onde foram morar grandes contingentes da população paulistana.

A construção dos conjuntos habitacionais da Cohab-Tiradentes se encaixa nessa ausência e/ou negligência em relação à implantação da infraestrutura urbano-social e nos propósitos de periferização de parte da população da cidade. Como analisamos no primeiro capítulo, a população moradora ou não nos conjuntos habitacionais daquela Cohab, construídos na extremidade leste (distante cerca de 30 quilômetros da Praça da Sé) da periferia paulistana, ainda hoje vivencia a falta da infraestrutura prevista pelos planos urbanísticos das décadas de 1960-1990. Mesmo o quadro urbano daquela área na atualidade ainda assemelha-se às descrições feitas pela Emplasa e Secretaria de Estado dos Negócios Metropolitanos no quadro apresentado anteriormente, em 1975, e/ou à falta de Unidades Sanitárias e Leitos Hospitalares Existentes vista na Planta 2 extraída do PUB de 1969.

Ocorreu, desse modo, uma hierarquização da ocupação urbana com a periferização promovida e/ou incentivada pelas construções dos conjuntos residenciais da Cohab sem as necessárias condições urbanas e sociais. Além disso, o modelo de construção adotado pela Cohab tornou-se padrão no sentido de onerar cada vez mais a população de "baixa renda" com os custos da habitação e o poder público (municipal, estadual e federal) com as despesas da infraestrutura. Este foi também o caso da Cohab-Tiradentes e de sua população.

capítulo 3

A Cidade Tiradentes "nasce" na São Paulo: mais hierarquizada e mais periférica

Eu classifico São Paulo assim: o Palácio é a sala de visita. A Prefeitura é a sala de jantar e a cidade é o jardim. A favela [como a periferia] é o quintal ...

Carolina Maria de Jesus, 1960

[...] os hábitos sociais e os usos são posicionados de modo que parecem durar mais do que as formas; a resistência mudou de lugar.

Bernard Lepetit, 2001

O "SONHO" E A "REALIDADE" DE CAROLINA; O "SONHO" E A "REALIDADE" NA CIDADE TIRADENTES

Carolina Maria de Jesus, entre as décadas de 1950-1960, foi moradora da antiga favela do Canindé – considerada uma das primeiras favelas paulistanas. Durante parte do período que habitou "aquele lugar", Carolina, como gostava de ser chamada, escreveu cerca de 20 cadernos contando seu dia a dia como favelada na cidade de São Paulo. Seus escritos foram publicados em 1960 com o título *Quarto de despejo*. No trecho a seguir a escritora narra seu despertar de uma noite de sonho com uma casa "residível":

> Passei uma noite horrível. Sonhei que eu residia numa casa residível, tinha banheiro, cozinha, copa e até quarto de criada. Eu ia festejar o aniversário de minha filha Vera Eunice. Eu ia comprar-lhe umas panelinhas que há muito ela vive pedindo. Porque eu estava em condições de comprar. Sentei-me à mesa para comer. A toalha era alva ao lírio. Eu comia bife, pão com manteiga, batata frita e salada. Quando fui pegar outro bife despertei. Que realidade amarga! Eu não residia na cidade. Estava na favela. Na lama, às margens do Tietê. E com 9 cruzeiros apenas. Não tenho açúcar porque ontem eu saí e os meninos comeram o pouco que eu tinha (JESUS, 1960, p. 40).

Foto 11: Moradores de uma das favelas paulistanas entre as décadas de 1950/1960. A lama e as precárias condições descritas por Carolina ganham expressão nesta imagem. Acervo: Arquivo Público do Estado. Autoria: sem autoria. Data: 1950/1960. Local: Cidade de São Paulo.

Residir é, portanto, um verbo que se torna realidade apenas à minoria favorecida da cidade. A maioria luta para residir mas está depositada em algum canto considerado pouco salubre, no limite da possibilidade de viver dignamente. Residir é algo que aparece em sonhos, mas na realidade é um horizonte de luta, de disputa, dificílimo de ser atingido por aqueles que moram na periferia urbana.

Logo na sequência de sua narrativa, Carolina Maria de Jesus descrevia aquela que seria uma das principais razões para não tornar realidade o sonho de possuir uma casa habitável: "Quem deve dirigir é quem tem capacidade. Quem tem dó e amizade ao povo. Quem governa o nosso país é quem tem dinheiro, quem não sabe o que é fome, a dor, e a aflição do pobre" (1960, p. 40).

A favela do Canindé que Carolina descreveu em seu diário não existe mais, pelo menos como era antes. Entre outras favelas, aquela foi uma das primeiras a serem destruídas no período pelo poder público municipal. De acordo com Audálio Dantas, que

Cidade Tiradentes e Cohab   119

auxiliou Carolina Maria de Jesus a publicar seu livro, a prefeitura justificou a destruição daquele local por causa da construção de parte da atual Marginal do Tietê. No entanto, o poder público paulistano implementava então uma atuação de "desfavelamento" da cidade. Mesmo com a destruição da antiga favela do Canindé, muito do cotidiano e da memória dos moradores que habitavam aquele lugar ficou registrado pela escritora em seus cadernos.[1]

Iniciamos este capítulo com o "sonho" e a "realidade" de Carolina Maria de Jesus porque pensamos que expressa parte do cotidiano de muitos dos moradores da cidade de São Paulo no período aqui estudado e mesmo na atualidade. Parte da população paulistana, provavelmente, também "sonhava" (e ainda sonha) com uma "casa residível", apesar de continuar morando em condições precárias, sendo, por vezes, excluída da própria cidade onde habita, como ocorreu com a destruição de algumas favelas como a do Canindé.

Carolina Maria de Jesus sintetiza bem esta exclusão em seu diário: "Eu classifico São Paulo assim: o Palácio é a sala de visita. A Prefeitura é a sala de jantar e a cidade é o jardim. E a favela é o quintal onde jogam os lixos" (JESUS, 1960, p. 33).

---

1   O livro de Carolina Maria de Jesus foi publicado por solicitação de Audálio Dantas que, após visitar a favela do Canindé para escrever uma matéria jornalística sobre a expansão da mesma, conheceu os cadernos da autora.

Foto 12: Morador de uma das favelas paulistanas. A calçada como parte do "quintal" da casa que também serve para estender a roupa e lavar a louça. Acervo: Arquivo Público do Estado. Autoria: Desconhecida. Data: 1950/1960. Local: Cidade de São Paulo.

Desse modo, Carolina também nos desperta para a maneira como o estado em suas três esferas atuou na constituição das políticas públicas relativas à moradia popular: quase sempre concretizando do proposto aquilo que interessava aos grupos vinculados ao poder político e econômico – como, por exemplo, construir os conjuntos habitacionais em áreas distantes dos lugares valorizados pela especulação imobiliária –, deixando num segundo plano ou desconsiderando as aspirações ("sonhos") das camadas populares. Porém, os caminhos de desenvolvimento urbano e populacional adotados na década de 1960 já na segunda metade dos anos de 1970 começaram a enfrentar uma séria crise.

A título de demonstração do que desejamos expressar, antes de completar uma década da criação do BNH (1964), da Cohab-SP (1965) e da formulação dos planos urbanísticos da virada da década de 1960 para 1970,[2] já em 1972 o então prefeito José Carlos de Figueiredo Ferraz dava sinais de que o modelo adotado e as propostas apresentadas de desenvolvimento urbano da cidade não estavam conseguindo estabelecer o controle urbano-social sobre a cidade conforme o desejado pelo poder público. Alarmado com o ritmo e a forma como ocorria o crescimento paulistano e constando que os instrumentos urbanos eram insuficientes para conter a "irregularidade na cidade", o prefeito Figueiredo Ferraz advertia: "São Paulo precisava parar" (*Revista Construção*, 15 fev. 1982, capa).

No entanto, a cidade não parou de crescer e o próprio prefeito Figueiredo Ferraz – nomeado durante o regime militar – continuou com a forma autoritária de governar a cidade e seu desenvolvimento. Lembramos que durante a gestão deste prefeito (08/04/1971–21/08/1973) "praticamente foi imposto" ao município o primeiro Plano Diretor de Desenvolvimento Integrado – PDDI (Lei Municipal n. 7.668, de 30 de dezembro de 1971) e a Lei de Parcelamento, Uso e Ocupação do Solo (Lei n. 7.805, de 1º de novembro de 1972).

Contudo, São Paulo prosseguiu crescendo de forma desordenada durante e após a gestão de José Carlos de Figueiredo Ferraz: de 5.924.615 habitantes em 1970, a população atingiu o número de 8.493.226 moradores em 1980. Tomando como base o período entre 1960, quando a população era de 3.667.899 habitantes, e 1980 (8.493.226

---

2 Referimos-nos aos seguintes planos: Plano Urbanístico Básico (1969), Plano Diretor de Desenvolvimento Integrado (1971) e Plano Metropolitano de Desenvolvimento Integrado (1971).

moradores), o número de moradores em 20 anos mais do que dobrou, aumentando em 4.825.327 pessoas.[3]

O gráfico a seguir assinala a verticalidade deste processo no período aqui em estudo.

Gráfico 1: Evolução populacional paulistana por década (1940-2000)

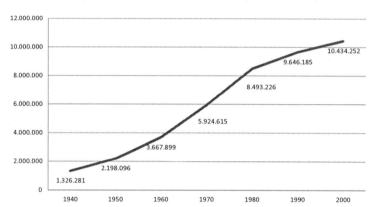

O gráfico foi elaborado por nós a partir das informações obtidas junto ao IBGE – Censos Demográficos, 1940, 1950, 1960, 1970, 1980, 1991, 2000; Sinopses Preliminares dos Censos Demográficos de 1940, 1950 e 1960.

Um crescimento que, dez anos após o alerta de Figueiredo Ferraz (1972), fez a *Revista Construção* salientar o seguinte, em fevereiro de 1982: "o fenômeno da urbanização" atingia na cidade "uma escala que chega a ser assustadora. Temos hoje praticamente a metade de toda população do Estado vivendo na Região Metropolitana de São Paulo, somando mais de 12 milhões de habitantes, dos quais 8,5 milhões no município da capital" (*Revista Construção*, 15 fev. 1982, capa).

Ao que tudo indica, o poder público não estava preparado para acompanhar esse crescimento anteriormente desejado, como analisamos no segundo capítulo. Isso é perceptível na fala do então presidente da Empresa Municipal de Urbanização – Emurb – e Secretário da Secretaria de Habitação e Desenvolvimento Urbano – Sehab –, Octávio Augusto Speranzini:

---

3   Os dados demográficos apresentados aqui pertencem ao IBGE – Censos Demográficos, 1960, 1970, 1980, 1991, 2000; Sinopses Preliminares dos Censos Demográficos de 1950 e 1960.

A cada ano o município de São Paulo recebe mais de 300 mil novos habitantes: e atender esse contingente populacional com infraestrutura urbana, habitação, serviços de educação e saúde, transporte etc, praticamente equivale a construir, a cada dois anos e meio, uma nova cidade do tamanho de Goiânia, que o censo de 1980 revela ter 717 mil habitantes (*Revista Construção*, 15 fev. 1982, capa).

Uma expansão demográfica marcada pela chegada de um grande contingente de migrantes de diferentes regiões do país, especialmente do Nordeste e do interior de São Paulo, como permite ponderar os quadros a seguir. Pela primeira tabela acompanha-se que a população migrante ("não natural da cidade") chegou mesmo a atingir um pouco mais do que a metade dos que eram naturais em 1980. Já no segundo quadro percebe-se que entre os "não naturais" da cidade a maioria era de outros estados brasileiros, especialmente da região Nordeste.

Quadro 4 – Residentes não naturais nos anos de recenseamento geral – município de São Paulo, 1960 a 2000

Anos	População Total	Não Naturais	%
1960	3.781.446	1.868.369	49,41
1970	5.924.615	2.841.150	47,96
1980	8.493.226	4.323.444	50,90
1990	9.646.185	3.692.795	38,28
2000	10.434.252	4.010.457	38,44

O quadro foi elaborado a partir das informações obtidas junto ao IBGE – Censos Demográficos, 1950, 1960, 1970, 1980, 1991, 2000; Sinopses Preliminares dos Censos Demográficos de 1950 e 1960.

Quadro 5 – Residentes não naturais, segundo local de nascimentos – município de São Paulo – 1970 a 2000 – em %

	1970	1980	1991	2000
Pessoas não naturais	100,0	100,0	100,0	100,0
regiões do Brasil	50,4	61,2	71,2	73,8
Norte	0,4	0,4	0,6	0,7
Nordeste	25,9	35,0	45,2	51,0
Sudeste (exceto ESP.)	18,2	17,1	16,6	14,5
Sul	4,9	7,0	6,8	6,2
Centro-Oeste	1,0	1,2	1,2	1,3
s/ especificação	0,0	0,5	0,8	0,1
outras cidades do ESP.	36,2	30,0	22,3	21,3
Exterior	13,4	8,8	6,5	4,9

O quadro foi elaborado a partir das informações obtidas junto ao IBGE – Censos Demográficos, 1950, 1960, 1970, 1980, 1991, 2000; Sinopses Preliminares dos Censos Demográficos de 1950 e 1960.

Como explica Nabil Bonduki, analisando os dados censitários do período, o Brasil vivenciava desde a década de 1940 uma profunda alteração na localização de sua população. Em 1940, cerca de 31,2% da população brasileira era urbana. Na década de 1950, o número de moradores em área urbana sobe para 36,2%, alcançando 67,6% em 1980 e 75% em 1991 (BONDUKI, 1998). São Paulo foi uma das cidades a mais vivenciar tais transformações demográficas, alterando sua fisionomia urbana e humana.[4]

O poder público da cidade de São Paulo costuma atribuir a este quadro demográfico as precárias condições da população da cidade, bem como o aumento de favelas, cortiços e habitações irregulares. Isto transparece nas falas do prefeito Figueiredo Ferraz

---

4   Sobre a migração, além de Bonduki, lemos: BERQUO, 1973; DURHAN, 1973; GRAHAM, 1984; PATARRA, 1996.

(1972) e, como analisamos na sequência, nas análises de Octávio Augusto Speranzini, presidente da Empresa Municipal de Urbanização – Emurb –, Secretário de Habitação e Desenvolvimento Urbano – Sehab – em 1982.

A forma como os novos moradores da cidade foram tratados transparece no trecho a seguir, extraído de um estudo sobre a periferização paulistana e organizado pela Secretaria de Economia e Planejamento do Governo do Estado de São Paulo, intitulado *Construção de moradias na periferia de São Paulo: aspectos sócio-econômicos e institucionais*, publicado pelo governo estadual durante a gestão de Paulo Egydio Martins, em 1979. De acordo com aquela Secretaria de Estado, "as grandes cidades, pólos do desenvolvimento econômico do País", especialmente São Paulo, "foram invadidas por contingentes populacionais que chegavam do campo à procura de emprego" (SEP/Emplasa/Urplan-USP, 1979, p. 15).

Entretanto, consideramos que a leitura oferecida em 1975 pelos pesquisadores do Cebrap é a que mais se aproxima do nosso entendimento acerca do desenvolvimento urbano e populacional da cidade.[5] Segundo eles, as dificuldades enfrentadas por muitos moradores de São Paulo em 1975 não decorria "do crescimento populacional da cidade enquanto tal" (CAMARGO, 1975, p. 19).

Para aqueles estudiosos, e como analisamos em parte no segundo capítulo, as dificuldades enfrentadas decorriam das "formas de organização da produção e distribuição da riqueza". Ou seja, da relação entre a forma de planejar e intervir sobre a cidade com as "relações econômicas e políticas" existentes então. De acordo com este pensamento:

> O retrato das condições urbanas de existência em São Paulo expressa, portanto, condições mais gerais da economia e da sociedade brasileira. A situação da cidade no contexto brasileiro apresenta peculiaridades. Mas, do ponto de vista da maioria da população, essas peculiaridades não se referem à ausência dos problemas existentes em outras regiões do país. A peculiaridade de São Paulo talvez resida, principalmente, na exacerbação do contraste entre acumulação e pobreza (CAMARGO, 1975, p. 19).

---

5   Também ajudam neste entendimento os seguintes autores: VILLAÇA (1986, 1995; 1998); REIS FILHO, LEME, (1999; 2001); SINGER (1995); CAMARGO (1975).

As análises de Paul Singer, também datadas no período aqui em estudo, colaboram com esta leitura acerca do modelo de desenvolvimento adotado na América Latina, incluindo o Brasil, como fator preponderante para compreender a explosão demográfica e a pobreza urbana. Singer (1995, p. 66-67) cita Manuel Castells, assinalando que seria possível outro tipo de desenvolvimento sem necessariamente resultar "num fluxo migratório excessivo" para as cidades e na explosão populacional, caso a "industrialização nacional não se fizesse por golpes exteriores, mas parte da necessidade de certo equilíbrio econômico definido no quadro de cada país". Na mesma direção, Anibal Quijano (*apud* SINGER, 1995, p. 66-67) salienta que

> o crescimento da produção industrial e o crescimento demográfico poderiam marchar de maneira não muito desnivelada e, ademais, a expansão industrial urbana [poderia constituir] um canal bastante efetivo de integração da sociedade, no sentido de que tinha capacidade de incorporar maior quantidade de população aos padrões dominantes do sistema.

Na mesma direção da crítica em relação ao modelo de desenvolvimento urbano adotado vale considerar o que escrevem Maria Irene de Q. F. Szmrecsanyi e Rebeca Scherer (1985, p. XVI). Para estas autoras, "entre o final da década de 1970 e o início da de 1980, etapa em que a crise econômica e a articulação política das forças sociais puseram em xeque as propostas e soluções vigentes", vinculadas ao planejamento formulado na década de 1960. Ainda para essas autoras, é preciso considerar que "a precariedade" de recursos destinados à moradia social e sua infraestrutura manteve-se no "velho estilo de fazer política".

Colabora com esta análise a informação de que

> cerca de 30% do total de moradias financiadas pelo Sistema [refere-se ao Sistema Financeiro de Habitação] até maio do corrente ano [1979] e, aproximadamente, 17,0% do volume de inversões monetárias realizadas pelo BNH na produção de habitações foram efetivamente destinados às famílias de reduzido poder aquisitivo. O saldo, 83% do montante das aplicações habitacionais, foi todo destinado aos estratos médios e altos da pirâmide social (SEP/Emplasa/Urplan-USP, 1979, p. 37).[6]

---

6 Dados apresentados pela Secretaria de Economia e Planejamento do Governo do Estado de São Paulo, em conjunto com a Empresa Metropolitana de Planejamento da Grande São Paulo – Emplasa – e Instituto de Planejamento Regional e Urbano da Universidade de São Paulo – Urplan-USP – no estudo

Esse quadro de exclusão na década de 1970 acentou-se com o crescimento populacional das cidades como São Paulo, tornando os centros urbanos também polos de uma possível explosão social. Assim, o clima de euforia e incentivo ao desenvolvimento urbano-demográfico, baseado no crescimento industrial da cidade e apoiado na certeza do planejamento, vigente na década de 1960, foi substituído a partir da década de 1970 pela preocupação cada vez mais crescente em relação ao descontrole social e urbano que assustava as autoridades e alguns setores da sociedade paulistana. Apreensão que foi agravada mais ainda com a crise do chamado "milagre econômico" brasileiro.[7]

Passados dez anos da conclusão dos estudos do PUB, em 1979, a Secretaria de Economia e Planejamento do Governo do Estado de São Paulo, em conjunto com a Empresa Metropolitana de Planejamento da Grande São Paulo – Emplasa – e o Instituto de Planejamento Regional e Urbano da Universidade de São Paulo – Urplan-USP – salientavam suas preocupações com o aprofundamento do "contraste entre acumulação e pobreza". Para aqueles órgãos, o que estava ocorrendo em São Paulo era "a deterioração das condições de vida de amplas parcelas da população" (SEP/Emplasa/Urplan-USP, 1979, p. 15).

Até a eficácia da legislação era questionada. Por exemplo, a Lei de Parcelamento, Uso e Ocupação do Solo (Lei n. 7.805, de 1º de novembro de 1972), aprovada de forma autoritária durante a gestão de Figueiredo Ferraz, que tinha como objetivo conter os loteamentos "irregulares", era desrespeitada. O desrespeito àquela lei era descrito da seguinte forma, segundo o editorial da *Revista Construção* (15 fev. 1982):

> Sem o amparo de sanções penais, o efeito de maiores exigências – frente à pressão social daqueles que optaram pelo assentamento urbano em São Paulo – foi a proliferação da irregularidade. Ou seja, o exagero da lei superexigente foi respondido pela obediência a lei nenhuma por parte dos proprietários, loteadores e especuladores de terras e terrenos no município de São Paulo, ampliando-se, desde então,

---

Construção de moradias na periferia de São Paulo: aspectos sócio-econômicos e institucionais. Para facilitar a leitura do texto, iremos nos referir à autoria deste estudo pela abreviatura dos nomes dos órgãos responsáveis da seguinte forma: SEP/Emplasa/Urplan-USP, 1979.

7   Acerca deste tema estudamos os seguintes autores: CAMARGO (1975), D'ARAUJO (2000 E 2008), KOWARICK (1970, 1979, 1994), MARICATO (1976), MARTINS (1992, 2000 E 2008), SINGER (1971 E 1975).

o número de loteamentos irregulares de terras invadidas (tanto públicas quanto privadas) e de habitações degradadas.

Ressaltamos que na década de 1960 existia uma grande confiança de que o planejamento poderia direcionar e controlar o desejável desenvolvimento urbano e populacional da cidade. Porém, pensando nos escritos de Carolina Maria de Jesus, de forma metafórica, o "sonho" com as soluções resultantes do planejamento defrontou-se com a "realidade amarga" para o poder público da cidade que desenvolvia-se fora do controle.

Muito do proposto não se efetivou na íntegra, particularmente no que diz respeito à moradia popular, excetuando o processo de periferização da população de "baixa renda" e/ou "sem renda", como veremos adiante. Novamente auxilia com esta análise os dados levantados, organizados e estudados, em 1979, pela Secretaria de Economia e Planejamento do Governo do Estado de São Paulo, Emplasa e Urplan-USP. No estudo efetuado por estes órgãos constatava-se que a atuação do BNH quanto à moradia popular foi bem menor do que a esperada:

> os resultados obtidos pelo BNH ao longo de 14 anos de atividades permitiram não só o crescimento do déficit [habitacional] em termos absolutos, como, o que é mais grave, também em termos relativos. Expressão disso é o crescimento que tem experimentado as populações faveladas na imensa maioria das cidades brasileiras. Todavia, ao cabo de 14 anos de existência, o BNH e o SFH ainda estão muito distantes da generosa meta proposta no momento da sua criação. De fato, além de nunca ter conseguido atingir o número de habitações previsto nos planos governamentais,[8] cujas ambições tiveram frequentemente de ser contidas, o Sistema financiou, até dezembro de 1977 – segundo relatório emitido pela Diretoria do banco –, cerca de 1.738 mil moradias, das quais 896 mil foram produzidas tendo em vista o atendimento das necessidades ditas pela BNH como de interesse social (SEP/Emplasa/Urplan-USP, 1979, p. 33).

Coopera ainda com esta análise o semanário *Opinião*, que apresentou em 1975, dez anos após a criação do BNH, o seguinte balanço daquela instituição:

> A meta original do BNH era construir 10 milhões de casas num período de 10 anos. Após 10 anos, entretanto, o Banco financiou não mais que 1,1 milhão de casas, das

---

8 Conforme o estudo da Secretaria de Economia e Planejamento do Governo do Estado de São Paulo, 1979.

quais somente 280 mil para o trabalhador pobre. Realizou, portanto, menos que 3% do seu plano original (*Opinião*, 03 jan. 1975, p. 6).

Uma das principais razões do fracasso da política habitacional para a população de baixa renda do BNH também foi apontada pelo estudo do SEP/Emplasa/Urplan-USP. Segundo este trabalho:

> O próprio BNH, em que pese a expansão da construção civil no período do chamado "milagre", desviou-se de seus propósitos iniciais, embora louváveis. Depositário do FGTS, foi gerando progressivamente uma contradição entre gerir o fundo e desencadear um programa habitacional extensivo às camadas populares (SEP/Emplasa/Urplan-USP, 1979, p. 326).

Ao que tudo indica o BNH priorizou o primeiro caminho de gestor financeiro do FGTS e das outras formas de arrecadação, utilizando a lógica empresarial do mercado imobiliário e financeiro. Neste sentido:

> Para arcar com a correção monetária e os juros, o Banco privilegiou o financiamento de imóveis de luxo. Além dessa distorção, [...] os mutuários foram penalizados com a elevação continuada das prestações e pela correção do saldo devedor (SEP/Emplasa/Urplan-USP, 1979, p. 327).

Vale lembrar que a mesma lei que criou o BNH em 21 de agosto de 1964 (Lei Federal n. 4.380) também constituiu a correção monetária nos contratos imobiliários. Porém, na nossa compreensão, ocorreu um desvio estrutural na alocação dos recursos quando pensamos na proposta inicial do BNH, que era a de orientar "a iniciativa privada no sentido de estimular a construção de habitações de interesse social e o financiamento da aquisição da casa própria, especialmente pelas classes da população de menor renda" (Lei Federal n. 4.380, de 21 de agosto de 1964).

Com a crise do chamado "milagre econômico", a situação dos mutuários da moradia popular se agravou. A elevação da inflação e a correção monetária impossibilitaram mais ainda a aquisição da casa própria popular, aumentando a "inadimplência" e elevando os custos dos projetos de habitação para população de baixa renda financiada pelo BNH.

Uma demonstração desta situação foi oferecida pelo próprio governo federal quando da criação, em 1973, do Plano Nacional de Habitação Popular – PLANHAP.

Este novo plano tinha entre seus objetivos reorientar as diretrizes do BNH em relação à habitação popular, criando o Sistema Financeiro de Habitação Popular – SIFHAP –, cabendo aos estados criarem os Fundos Estaduais de Habitação Popular – FUNDHAPS –, cuja prioridade seria financiar os projetos das Cohabs.

Porém, o modelo de construção da moradia popular adotado pelo PLANHAP em sua essência continuou seguindo a direção anterior do PNH (Plano Nacional de Habitação) de onerar a população de "baixa renda" com os custos da habitação e o poder público (municipal, estadual e federal) com as despesas da infraestrutura, favorecendo a indústria da construção civil e de material de construção. Do mesmo modo, a localização dessas moradias seria nas periferias mais distantes e sem infraestrutura urbana e social, demonstrando a continuidade da necessidade de reordenar e controlar a cidade e sua população.

O BNH continuou com a incumbência de arrecadar os recursos financeiros, advindos em grande parte dos trabalhadores, repassando para os agentes intermediários como as Cohabs que, por sua vez, contratavam as empresas da indústria da construção civil e de material de construção. Ao BNH também competia fornecer créditos aos estados e municípios condicionados no sentido da criação de infraestrutura urbana e social nos conjuntos habitacionais populares, o que nem sempre ocorria, como discutimos até aqui.

Quanto ao caráter de exclusão de uma parcela significativa da população, o novo Plano Nacional de Habitação Popular, na nossa compreensão, reconheceu que não conseguiria alterá-lo, uma vez que, ao elevar os valores dos financiamentos para "500 UPCS", visou "ampliar" o atendimento às famílias com renda de até cinco salários mínimos" (PLANHAP, 1973). Na nossa leitura, essa suposta ampliação de quem poderia obter o financiamento para a moradia demonstra que as famílias com salário mínimo menor ou sem salário não conseguiriam ou tinham grandes dificuldades de obter o mesmo financiamento e, portanto, de pagar suas prestações.

Em entrevista à revista *Visão*, o presidente do BNH, Rubens Vaz da Costa, já em 1973 auxilia essa ponderação acerca da falta de poder aquisitivo e/ou da desvalorização dos salários dos trabalhadores:

> Se me perguntarem se, na cidade de São Paulo, uma família com a renda de um salário mínimo pode ser financiada para a construção da casa própria, respondo que

possivelmente não. Aqui os custos dos terrenos e dos materiais de construção são de tal ordem que dificilmente se construiria uma casa a um preço que permitisse a quem ganha o mínimo pagar as prestações com somente 20% da renda familiar (*Visão*, 29 jan. 1973, p. 48).

Ao mesmo tempo, muitos daqueles que obtinham o financiamento não conseguiam efetuar o pagamento das prestações. Mesmo sob a vigência do novo plano de habitação popular (PLANHAP) criado em 1973, a "inadimplência" era expressiva, atingindo em 1975 o patamar de "60% dos mutuários" da Cohab, conforme os dados do secretário municipal de Habitação e Desenvolvimento Urbano de São Paulo daquele ano, Ernest Mange. Um expressivo exemplo disso foi em 1975 (dois anos após a vigência do PLANHAP), quando a Cohab-SP aprimorou seus instrumentos de combate à "inadimplência" dos residentes nos conjuntos habitacionais financiados para moradores na faixa entre três a cinco salários mínimos, como explicou o próprio Mange. Conforme o secretário municipal e como analisamos no segundo capítulo, a Cohab utilizou a ajuda de assistentes sociais no sentido de

> reduzir o índice de mutuários inadimplentes de 60% para cerca de 15%, adotando ao mesmo tempo, critérios mais rigorosos para a seleção dos candidatos. Quando o mutuário atrasa a 4ª prestação, ele é notificado e procurado pelo departamento de desenvolvimento comunitário, que busca detectar as causas e, se possível, promove a solução; até o 12º mês, elas procuram ajustar um acordo. Somente após esses prazos é encaminhado para o departamento jurídico (*Revista Construção*, 5 dez. 1975, p. 14).

Do mesmo modo, os jornais da época analisavam o déficit habitacional da cidade que crescia a cada ano. *O Estado de São Paulo* do dia 13 de janeiro de 1972 traz os seguintes números:

> as informações da Secretaria do Bem-Estar Social da Prefeitura demonstram que, desde 1968, as favelas estão crescendo gradativamente em São Paulo. As favelas e os cortiços, pois a situação, no que se refere à habitação deficiente, é semelhante nos dois casos: há três anos, São Paulo precisava de 120 mil novas casas para abrigar cerca de 600 mil pessoas. Depois, as coisas não cessaram de piorar. Com efeito, segundo os estudos realizados pela Secretaria do Bem-Estar Social, havia, em 1968, dez mil barracos de favelas, nos quais residiam 50 mil pessoas; de outro lado, em 64 mil cômodos de "cortiços" alojavam mais de 300 mil moradores e, finalmente, 45 mil

habitações precárias abrigavam mais de 200 mil pessoas, que viviam em coabitações involuntárias". Ora, em 1968 o "déficit" habitacional desse grupo social nada afortunado já somava 600.000 pessoas e se, desde então, as autoridades municipais reconhecem que a situação se agravou, quantos serão hoje os mal alojados? (OESP, 13 jan. 1972, p. 22).

Somando-se esses números apresentados pelo *O Estado de São Paulo* (1972) com as análises do presidente do BNH (1973) acerca da impossibilidade de uma família com a renda de um salário mínimo ser financiada por aquele banco para a compra da casa própria e adicionando as considerações do secretário de Habitação e Desenvolvimento Urbano de São Paulo (1975) sobre a inadimplência dos moradores na Cohab, resta-nos perguntar: qual seria a solução para o déficit de moradia na cidade de São Paulo? Na nossa análise, a solução continuou sendo apostar na locação das famílias de "baixa renda" ou "sem renda" para as áreas mais distantes, sem infraestrutura urbana e fiscalização do poder público e em construções cada vez mais precárias de conjuntos habitacionais para diminuir os custos. Áreas cujo valor do imóvel e, por vezes, sua "clandestinidade", correspondiam à desvalorização imobiliária daqueles espaços.

Pensamos assim em decorrência da localização onde foram construídos os conjuntos habitacionais e no processo de combate e expulsão de parte das camadas populares das áreas centrais e valorizadas imobiliária e urbanisticamente. Na mesma matéria, *O Estado de São Paulo* analisa que a solução para as favelas e cortiços paulistanos localizados nas áreas centrais seria "a construção das primeiras 1.000 casas" e "mais tarde outras 5.500 habitações, a fim de instalar os atuais moradores de 3.000 barracos" (OESP, 13 jan. 1972, p. 22).

Apesar de não assinalar a localização, ao que tudo indica os moradores daquela favela seriam alocados na periferia paulistana, como fica claro nas matérias que seguem relativas ao combate às favelas nas áreas centrais e valorizadas.

> Em encontro que manteve, ontem, com diversos vereadores, o prefeito Figueiredo Ferraz reafirmou que a Prefeitura está firmemente decidida a enfrentar o problema das favelas na capital. [...] A Secretaria de Bem-Estar Social, que já estuda providências para a erradicação de favelas, possui, este ano, uma dotação de 52 milhões de cruzeiros. [...] Os vereadores levantaram o problema da favela que está surgindo ao lado da ponte Cruzeiro do Sul, na marginal direita do Tietê. Figueiredo Ferraz

informou que já determinou a remoção das famílias ali instaladas e intimou os proprietários do terreno – a família Klabin – a murá-lo (OESP, 13 jan. 1972, p. 29).

Depois de alguns dias, a remoção dos favelados aconteceu, conforme descreve a próxima matéria do jornal *Diário Popular* intitulada "Prefeitura enfrenta surto de favelinhas". Nota-se também na matéria a seguir que havia uma política clara por parte da prefeitura de desfavelamento da cidade, especialmente nas áreas valorizadas:

> Favelados que se instalaram sob o viaduto da Av. Cruzeiro do Sul estão sendo transferidos pela Prefeitura para um terreno municipal de 200 metros quadrados. [...] A mudança dos favelados dos baixos do viaduto Cruzeiro do Sul faz parte de um programa de emergência que está sendo adotado pela Prefeitura, através da Secretaria do Bem-Estar Social, para evitar a proliferação de favelinhas em todos os pontos da cidade, principalmente sob os viadutos. Nos últimos meses desencadeou-se um verdadeiro surto destas favelinhas. Famílias sem teto começaram a instalar-se por toda parte, na zona central e também na periferia, de preferência em terrenos conhecidos como da Prefeitura. Ao longo das marginais do Tietê e Pinheiros o problema assumiu tais proporções que a Municipalidade vai adotar fiscalização de 24 horas diárias para evitar o aparecimento de novos barracos (*Diário Popular*, 16 jan. 1972, p. 3).

A solução provisória apresentada pela prefeitura demonstra bem a forma como eram tratados os moradores de favela pelo poder público. As "novas" casas dos removidos seriam construídas em parte com o próprio material dos antigos barracos. Esta situação permite ponderar que o motivo principal da remoção de favelas não eram as condições das mesmas e sim a localização. Vale a pena ler o trecho da matéria observando a imagem na sequência retirada da capa do *Diário Popular* (16 jan. 1972, p. 3) sobre a remoção que ocorreu no dia anterior: "a Secretaria do Bem-Estar Social está escolhendo terrenos onde localizar, provisoriamente, os favelados. Serão construídas casas de emergência, aproveitando-se partes dos próprios barracos e utilizando o sistema de mutirão entre os favelados".

Na imagem a seguir, funcionários da prefeitura e policias acompanham a remoção dos favelados para um terreno provisório da prefeitura sem infraestrutura (pavimentação, luz, água e esgoto), como indica a foto e a própria matéria jornalística. Mesmo o material dos novos "barracos" seria em parte o mesmo dos "barracos" anteriores. Assim, os favelados continuariam numa situação precária, só que distantes dos lugares considerados valorizados pela prefeitura.

Foto 13: Capa do jornal *Diário Popular* anunciando que a Prefeitura iria combater as favelas paulistanas. Acervo: Arquivo Público do Estado. Fonte: *Diário Popular*. Autoria: Sem autoria. Data: 16/01/1972. Local: Cidade de São Paulo.

Vale também realçar os termos usados pela matéria do *Diário Popular*, provavelmente sob influência da nomenclatura utilizada pela prefeitura, para tratar daqueles paulistanos e de suas casas. Os adjetivos empregados assinalam bem a forma como esta parcela da população e suas condições de existência eram vistas e tratadas pelo poder público municipal e por uma parte da imprensa: "surto, proliferação de favelinhas, erradicação, remoção, guerra às favelinhas".[9] Uma terminologia semelhante ao discurso sanitarista ("surto, proliferação e erradicação") do início do século XX e, ao mesmo tempo, com forte característica militar e autoritária ("remoção e guerra às favelinhas") – típico da época aqui em estudo.

O poder público local no período buscava colocar em prática a desfavelização das regiões mais centrais, próximas das indústrias, do comércio e mais valorizadas urbanisticamente. A título de demonstração desta análise, em 1960 foi aprovado pela Prefeitura o "Plano de Desfavelamento do Canindé" (PMSP, 1962). Em 1962 o poder público municipal extinguiu a favela da Mooca (FINEP, 1985, p. 79).[10]

Como bem analisa o livro *São Paulo 1975 – crescimento e pobreza*, os moradores das favelas centrais eram expulsos à medida que ocorria a valorização dos terrenos privados e públicos. Como consequência: "Quando a pressão imobiliária e a repressão às favelas tornam-se mais vigorosas numa cidade [...] novas favelas surgem..." (CAMARGO, 1975, p. 37).

No levantamento que realizamos, em nenhum momento encontramos a adoção de uma política semelhante de remoção e/ou combate às favelas, cortiços e moradias precárias na periferia paulistana. Acreditamos que isto se deve porque o combate às favelas não era de fato para resolver a situação de moradia da sua população, e sim de limpeza social e urbana das áreas centrais e valorizadas.

Aliás, ressaltamos que era a periferia o lugar destinado a "abrigar" os moradores removidos das favelas, cortiços e habitações precárias das áreas centrais e estruturadas urbanisticamente. A mesma matéria do jornal *Diário Popular*, sobre a remoção da favela da Avenida Cruzeiro do Sul, após revelar o caráter provisório em que ficariam "abrigados" os moradores daquela, destacava: "entendimentos estão sendo mantidos com a Cohab para a construção de conjuntos residenciais" (*Diário Popular*, 16 jan. 1972, p. 3).

---

9   Conforme o estudo da Secretaria de Economia e Planejamento do Governo do Estado de São Paulo, 1979.

10   Alberto Passos Guilherme, no livro *As classes perigosas* (1981, p. 8), descreve da seguinte forma esse processo de combate às favelas em algumas das cidades brasileiras no período aqui em estudo: "Há cerca de 30 anos, as favelas eram consideradas equivocadamente em certas áreas do governo como elementos estranhos à nossa sociedade, portanto, passíveis de extinção. A demagogia oficial acreditava, então, na plena eficácia de 'um programa de desfavelização' baseado na possibilidade de substituir os cinturões de misérias por conjuntos habitacionais do tipo Vila Kennedy, baseados na ajuda estrangeira".

A cidade crescia assim para suas periferias de forma hierarquizada e excludente, como permitem ponderar as Plantas 1 e 2 da Evolução da Mancha Urbana de São Paulo, apresentadas a seguir:

Evolução da mancha urbana no município de São Paulo – área edificada

Planta 4
1962

Planta 5
1972

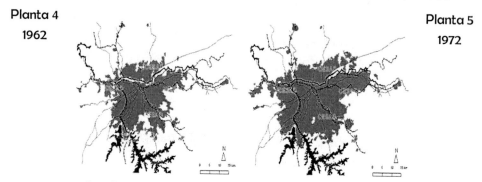

Fonte: Secretaria de Agricultura do Estado de São Paulo, 1962. Fonte: GEGRAN, 1972.

Um crescimento para as periferias, na nossa leitura, desejado e incentivado pelo poder público, mas que também fugia do controle da prefeitura local por não serem as áreas prioritárias de suas intervenções urbanísticas. Uma demonstração neste sentido foi oferecida durante o IX Congresso Brasileiro de Arquitetos, promovido pelo Instituto dos Arquitetos do Brasil – IAB –, em São Paulo, entre os dias 25 e 29 de outubro de 1976. Uma das teses apresentadas propunha que:

> Os investimentos em obras e serviços urbanos sejam orientados no sentido de beneficiar a população majoritária de baixa renda, que é sistematicamente expulsa pelo mercado imobiliário para a periferia desequipada das cidades (*Revista Construção*, 15 nov. 1976, p. s/n).

Apesar de não oferecer a localização exata, a imagem que segue refere-se à periferia leste paulistana, segundo a legenda da *Revista Construção*. Ainda conforme a legenda da fotografia, o caráter de ausência do poder público vem à tona: "loteamentos irregulares não recebem melhoramentos públicos, as ruas não têm nome, faltam equipamentos comunitários, como creches, escolas, postos de saúde" (*Revista Construção*, 15 fev. 1982, p. s/n).

Cidade Tiradentes e Cohab 137

Foto 14: A imagem refere-se à periferia leste paulistana, revelando a ausência do poder público Acervo. Arquivo Público do Estado de São Paulo. Autoria: Desconhecida. Data: 1960/1970. Local: Periferia de Cidade de São Paulo.

Na Foto 14 e na que segue transparecem assim as precárias condições, a falta de infraestrutura desse processo de periferização paulistana e o descuido do poder público municipal. No centro da próxima imagem, também localizando a periferia leste paulistana, é visível um córrego que mais parece um esgoto correndo a céu aberto próximo de algumas casas no lado esquerdo.

Por estas imagens assinalando as precárias condições urbanas da periferia paulistana entre as décadas de 1960-1980, é possível parafrasear Carolina Maria de Jesus, só que trocando a palavra favela por periferia: "Eu classifico São Paulo assim: o Palácio é a sala de visita. A Prefeitura é a sala de jantar e a cidade é o jardim. E a periferia é o quintal onde jogam os lixos" (JESUS, 1960, p. 33).

Foto 15: A imagem revela as péssimas condições de moradia. Barracos construídos a beira da calçada da rua onde também circulam veículos. Acervo: Arquivo Público do Estado de São Paulo. Autoria: Desconhecida. Data: 1960. Local: Periferia Leste de Cidade de São Paulo.

A prefeitura contava ainda, além dos projetos da Cohab, com outros programas para a população de baixa renda e/ou sem renda: Promorar, Programa de Lotes Urbanizados e o Profavela. Outra dimensão que sobressai é o tipo de moradia que seria adotado em alguns destes projetos. O Promorar, por exemplo, oferecia para seu futuro morador uma casa com "um cômodo e unidade sanitária, em lote de 75 m²" (*Revista Construção*, 15 fev. 1982, capa).

Porém, vale frisar que quase sempre estes programas eram destinados a remover moradores de favelas e cortiços das áreas valorizadas para a periferia paulistana: "ao todo, 11 núcleos em vários pontos da periferia da cidade que preveem programas do Promorar" (*Revista Construção*, 15 fev. 1982, capa). Aliás, existia até um título para estes programas: Properiferia. Foi para estes moradores, especialmente em favelas, que se direcionaram os primeiros conjuntos habitacionais da Cohab-Cidade Tiradentes e os espaços em torno destas construções.

Diferente do que ocorreu, por exemplo, com os primeiros conjuntos habitacionais em Itaquera, onde a exigência de salário era de três a cinco mínimos, "o lote e o embrião" seriam vendidos "a 300 UPCs, para pagamento em 25 anos". Um valor que, segundo o presidente da Emurb e Secretário da Sehab, Octávio Augusto Speranzini, daria "uma prestação inferior ao que é cobrado pelo aluguel de um barraco em muitas favelas de São Paulo". O valor da moradia e a forma como seriam as construções, segundo Speranzini, justificava-se porque:

> Os lotes e respectivos embriões são comercializados com prioridade para moradores das favelas que apresentam risco de vida, enchentes, desmoronamentos etc. – ou que se situam em áreas públicas comprometidas com projetos de obras. [...] como segunda alternativa para atendimento à população que ganha até três salários mínimos, seriam os lotes com 100 m², em média, com infraestrutura viária, rede de água, iluminação pública e drenagem, com preço de venda em torno de 150 UPCs e pagamento em 25 anos ou 30 anos (*Revista Construção*, 15 fev. 1982, capa).

Ainda conforme Speranzini:

> A implantação deste programa está se iniciando agora e desenvolve-se tanto através da Cohab – que para isso utiliza áreas do seu estoque de terras – quanto pela Emurb, que pesquisa, adquire as áreas, elabora o projeto e deixa a comercialização a cargo da Cohab. Também neste programa a Cohab se incumbe da seleção das famílias que se habilitam à compra de um lote urbanizado (*Revista Construção*, 15 fev. 1982, capa).

Acerca da fala do presidente da Emurb e Secretário da Sehab, são passíveis pelo menos três ponderações. A primeira, como analisamos, refere-se à futura localização dos imóveis paras os que seriam removidos das áreas mais centrais e para os recém-chegados a São Paulo: a Cidade Tiradentes seria um dos principais lugares para onde se dirigiu a população neste processo de desfavelamento do município e os novos moradores paulistanos. Auxilia nossa análise o Memorial Descritivo da própria Cohab-SP para a utilização de uma área de 208.967,8 m², localizada na Fazenda Santa Etelvina, em Guaianases (parte da futura Cidade Tiradentes), enviado em 1971 para a Prefeitura do Município de São Paulo. O Projeto de Loteamento foi elaborado de forma técnica para propiciar a execução de habitações de padrão essencialmente popular e que pudesse atender a uma faixa de habitantes de poder aquisitivo baixo, em especial aos atuais ocupantes de favelas (Companhia Metropolitana de Habitação, 12 de agosto de 1971, folha 1).

Na periferia, os removidos das áreas valorizadas e os novos excluídos que chegariam a São Paulo teriam que recriar suas vidas num processo de resistência sociocultural de habitar a cidade.[11] Como analisa Bernard Lepetit (2001, p. 148):

> a forma de uma cidade pode mudar mais depressa que o coração dos homens. Renovem as casas, alinhem as ruas, transformem as praças: "As pedras e os materiais não lhe oporão resistência, mas os grupos resistirão, e neles vocês enfrentarão a resistência, senão das pedras, ao menos de suas disposições antigas". Reduzida a uma única sequência cronológica, a evolução permanece simples: os hábitos sociais e os usos são posicionados de modo que parecem durar mais do que as formas; a resistência mudou de lugar.

A segunda ponderação, a partir das análises do presidente da Emurb e Secretário da Sehab, Octávio Augusto Speranzini, feitas em 1982, é acerca da suposta infraestrutura urbana existente nas áreas onde seriam localizadas essas construções. No que se refere à Cidade Tiradentes, como analisamos no primeiro capítulo, mesmo na atualidade a população daquele lugar ainda vivencia a falta de infraestrutura urbana (transporte, esgoto, pavimentação etc), equipamentos sociais e culturais.

Da mesma forma, vale lembrar as dificuldades encontradas pelo secretário de Habitação e Desenvolvimento Urbano da Prefeitura de São Paulo, Arnaldo Madeira, em 1983, ao visitar o Conjunto Habitacional Santa Etelvina (localizado na atual Cidade Tiradentes) para iniciar a construção das ruas e avenidas locais naquela área. Segundo Madeira, "não havia vias de acesso a Santa Etelvina [Cidade Tiradentes], e só era possível alcançar o local a bordo de valentes jipes, caminhões e tratores" (*Veja*, 26 out. 1983, p. 72).

Além disso, em 1977, o então administrador regional de Itaquera-Guaianases, Plínio José de Arruda Cimino, apresentou um quadro da situação urbana daquela área que vale ler olhando as fotos anteriores e as que seguem. Segundo o administrador regional,

---

11 São referenciais para o entendimento deste processo autores como: BOURDIEU (1997 E 1998); CANCLINI (1997); CERTEAU (1996); GEERTZ (1989); GINZBURG (1989); LEPETIT (2001); LEFEBVRE (1969); PERROT (1992); RONCAYOLO (1986); THOMPSON (1998); WILLIAMS (1969).

Cidade Tiradentes e Cohab 141

otimista com o futuro, em 1977 a área (uma das maiores entre as regionais existentes – veja planta no primeiro capítulo desta tese) contava com a seguinte situação quanto à sua pavimentação:

> Atualmente está sendo concluída a terceira fase do plano de pavimentação e a Regional está esperando a liberação – pela Secretaria de Vias Públicas – da quarta fase, para pavimentar mais 20 km de ruas aproximadamente. Esse plano teve início no ano passado e praticamente três fases já foram concluídas: a primeira, com quatro a cinco ruas, e as outras com 20 km e 30 km respectivamente (*Revista Construção*, 20 jun. 1977, p. s/n).

Foto 16: Capa da revista *Construção São Paulo* mostrando a falta de conservação da cidade em sua periferia. Pela capa a revista culpava a prefeitura e os empreiteiros pelo descuido. Acervo: Arquivo Público do Estado. Fonte: Revista *Construção São Paulo*. Autoria: Sem autoria. Data: 20/06/1977. Local: Periferia de Cidade de São Paulo; segundo os créditos da foto, localizada na Administração regional de Itaquera-Guaianases

Foto 17: Detalhe da capa da *Revista Construção São Paulo*. Casas de alvenarias e de madeira próximas à ruas de terra e a um córrego. No local, crianças brincam, demonstrando falta de equipamentos (parques, creche, escolas) próximos. Acervo: Arquivo Público do Estado. Fonte: *Revista Construção*. Autoria: Sem autoria. Data: 20/06/1977. Local: Periferia de Cidade de São Paulo.

Comparando a argumentação do administrador regional de Itaquera-Guaianases em 1977 com a análise de Arnaldo Madeira, em 1983, bem como com o quadro que apresentamos no primeiro capítulo da falta de infraestrutura urbana e social na Cidade Tiradentes ainda hoje, é visível a negligência do poder público com a população local. Aliás, vale observar também que na entrevista do administrador regional de Itaquera-Guaianases, em 1977, o mesmo não fez menção a outros elementos ligados à infraestrutura urbana (transporte, esgoto, pavimentação) e equipamentos sociais e culturais naquela administração regional. Até porque, para aquele administrador regional e engenheiro, "pavimentação para periferia é o mesmo que saneamento básico. [...] Uma rua pavimentada dá até um aspecto de cidade a locais onde até esse conceito inexiste" (*Revista Construção*, 20 jun. 1977, p. s/n).

Porém, pelas imagens 2, 4 e 7 do primeiro capítulo, anexas ao Processo n. 37.548/1971, de 4 de novembro de 1971, encaminhado pela Cohab à Prefeitura, solicitando isenção de impostos para suas construções referentes à futura Cohab-Tiradentes que, comparando com as fotos que seguem tiradas em 2008, apesar da fala do administrador regional de Itaquera-Guaianases, a pavimentação sempre foi um dos maiores problemas daquela região.

Foto 18: No primeiro plano é evidente a falta de pavimentação como um traço da continuidade da ausência do poder público na Cidade Tiradentes. Autoria/Acervo: Simone Lucena Cordeiro. Data: 2008. Local: Cidade Tiradentes.

A terceira ponderação, a partir da argumentação do presidente da Emurb e Secretário da Sehab, feita em 1982, acerca da construção de moradia barata para atender a população de "baixa renda" e "favelada" na periferia, é que, somando todos os projetos apresentados (Promorar, Programa de Lotes Urbanizados, Profavela e Cohab), as novas construções atingiriam apenas "30% da população favelada" (*Revista Construção*, 15 fev. 1982, capa). Portanto, muitos dos que estavam sendo removidos das áreas centrais e os novos moradores da cidade não teriam onde habitar se contassem com os projetos do poder público local.

Ou seja, as construções da Cohab, incluindo as da Cidade Tiradentes, não eram para todos. Provavelmente, a parcela da população que não possuiria nenhuma forma de renda, comprovação da mesma e/ou não estivessem em alguma lista de espera, apesar de removidas das favelas mais centrais, ficariam excluídas dos projetos de habitação social e precisariam arranjar outras formas de morar.

Segundo o IBGE, em 1980 o município de São Paulo possuía uma população de favelados na ordem de 335.344 pessoas As construções das Cohabs, mesmo com as novas técnicas construtivas discutidas no segundo capítulo, não dariam conta do déficit habitacional da cidade, como fica claro na matéria a seguir, assinalando os limites dos projetos de moradia popular:

> A Cohab já vinha executando – e continua nesta administração – um programa que representa a média de 70 unidades habitacionais por dia: "num esforço sem precedente" para a construção de conjuntos habitacionais destinados à camada da população com faixa de renda de três a cinco salários mínimos. Entretanto, estão na fila de espera da Cohab cerca de 300 mil famílias, o que corresponde, por exemplo, a mais do que a população de Porto Alegre. "Ao ritmo atual a Cohab ainda demoraria cerca de oito anos para atender a essa demanda reprimida", afirma Speranzini [presidente da Emurb e Secretário da Secretaria de Habitação e Desenvolvimento Urbano – Sehab] (*Revista Construção*, 15 fev. 1982, capa).[12]

Assim, soma-se a esta lista de espera a parcela da população que não seria atingida pelos projetos da Cohab por falta de comprovação de renda. Para estes paulistanos e mesmo para os que faziam parte da lista de espera da Cohab, a solução seria construir formas alternativas de habitar São Paulo, quase sempre em áreas sem infraestrutura e distantes, ficando à margem da intervenção do poder público. Neste sentido, também a Cidade Tiradentes seria um dos destinos destes paulistanos. Como transparece na continuidade da matéria:

> [...] essa população não atendida pela Cohab vive em habitações subnormais – favelas e cortiços – que, de 1973 a 1980, aumentou em assustadores 548%,

---

12 Contribui com esta análise pessimista em relação às construções da Cohab a seguinte ponderação realizada pela Secretaria de Economia e Planejamento do Governo do Estado de São Paulo, em conjunto com a Empresa Metropolitana de Planejamento da Grande São Paulo – Emplasa – e o Instituto de Planejamento Regional e Urbano da Universidade de São Paulo – Urplan-USP: através dos "resultados obtidos pela Cohab-SP, ao longo de 14 anos de atuação [a análise foi realizada em 1979], pode-se ter uma nítida visão do que aguarda as necessidades populares: essa companhia, principal agente do Programa Estadual de Habitação Popular para a região metropolitana, logrou produzir, em toda a sua existência, não mais do que 50 mil moradias, incluindo-se as em fase de construção e as ainda não-inciadas" (SEP/Emplasa/Urplan-USP, 1979, p. 40).

enquanto a população da cidade de São Paulo cresceu 33% (*Revista Construção*, 15 fev. 1982, capa).

Continuando com os números apresentados pela *Revista Construção*, transparecem mais ainda as limitações dos projetos habitacionais, incluindo os da Cohab.

> A população caracterizada na faixa de renda familiar de até três salários mínimos soma 365 mil pessoas, morando em 73 mil barracos em condições extremamente precárias de salubridade. O espaço mínimo interno dos barracos, em média, é de 18m² (*Revista Construção*, 15 fev. 1982, capa).

Isto reforça a tese de que um dos fundamentos na ação do poder público paulistano quanto à habitação popular era mesmo a remoção de favelas e de outras formas de habitação não desejada para a periferia paulistana. Frisamos que a Cidade Tiradentes foi, neste sentido, um dos lugares indicados pela distância em relação às áreas mais centrais e valorizadas urbanisticamente. Por isso, o próprio secretário Speranzini classifica os programas adotados como de "ação direta, de ação preventiva e de ação indutiva". Até porque o déficit habitacional em são Paulo naquele ano era de "505 mil unidades para uma população com faixa de renda entre zero e cinco salários mínimos" (*Revista Construção*, 15 fev. 1982, capa).

Para os que estavam fora até mesmo dos programas habitacionais populares, mas que precisavam ser "induzidos" de forma "preventiva" a habitar as áreas mais distantes da cidade, o caminho foi o da autoconstrução em lotes irregulares próximos aos conjuntos habitacionais, em ocupações, favelas, moradias precárias e/ou o enfretamento com o poder público nas áreas centrais. Estas formas alternativas de morar na cidade, somadas aos conjuntos habitacionais, constituíram a paisagem da Cidade Tiradentes.

"São Paulo precisa parar", mas a Cidade Tiradentes não para de crescer: diferentes modos de projetar e construir a chamada moradia popular

Acreditamos que, em grande parte, a evolução da mancha urbana e a elevação da densidade demográfica na Cidade Tiradentes, além de outros lugares da periferia paulistana, relacionaram-se a esse processo de construção dos conjuntos populares da Cohab. Porém, a Cidade Tiradentes também resultou das formas diferenciadas de constituir a moradia, particularmente através da autoconstrução e das favelas. Por sua vez, as duas formas de habitar naquela região, como em grande parte da periferia paulistana, também resultou da exclusão de parcelas das camadas populares dos espaços mais centrais e valorizados urbanisticamente.

Iniciando pelos conjuntos habitacionais da Cohab na Cidade Tiradentes, a título de demonstração da importância da presença dessas construções na região, a "Cohab Itaquera 1", inaugurada em 1978, era e ainda continua sendo um dos maiores conjuntos habitacionais da cidade. Aquele conjunto possuía, em 2001, aproximadamente 65 mil habitantes (PMSP, dez./2001).

Porém, a própria "Cohab Itaquera 1" foi ultrapassada por outro conjunto habitacional da Companhia Metropolitana de Habitação na mesma extremidade leste paulistana: o complexo habitacional denominado de "Cohab Cidade Tiradentes". Inaugurada em 1984, como analisamos no primeiro capítulo, a Cohab-Tiradentes, como também é denominada, possui na atualidade cerca de 15km², com 41.621 unidades (11.893 casas e 29.728 apartamentos – equivalendo a 1.485 prédios de 4 pavimentos, com 4 unidades por andar).

Segundo os dados da Prefeitura Municipal de São Paulo que constam do "Programa Viver Melhor – Cohab-SP", esse complexo habitacional é habitado por cerca de 116.484 moradores (PMSP, ago./2003, p. 30). De acordo com o site da própria subprefeitura local:

> O bairro foi planejado como um grande conjunto periférico e monofuncional do tipo "bairro dormitório", passando a ser habitado por enormes contingentes de *famílias* que aguardavam na "fila" da casa própria. [...] Considerada o maior complexo habitacional da América Latina, abriga cerca de 40 mil unidades habitacionais.

Em 1980, o bairro tinha apenas 10 mil habitantes e a partir da inauguração do primeiro conjunto habitacional, a Cidade Tiradentes, em 1984, a implantação de novas residências não parou mais. Com o advento das administrações regionais e depois, Subprefeituras, denominar o grande complexo com o nome do primeiro conjunto foi somente consolidar aquilo que já era de domínio do próprio morador (SUBPREFEITURA DA CIDADE TIRADENTES, 2008).

Os dois mapas que seguem, produzidos pela Emplasa, possibilitam dimensionar que a região onde ficava localizada a atual Subprefeitura de Cidade Tiradentes (vivenciou um processo de adensamento populacional e desenvolvimento urbano no período em análise. Observa-se no primeiro Mapa (1950/1962), antes da construção da Cohab, que a Cidade Tiradentes aparece sem áreas urbanizadas. No segundo Mapa (1975/1985), quando do início das construções da Cohab, a área urbanizada ganha espaço.

Desenvolvimento urbano da cidade de São Paulo

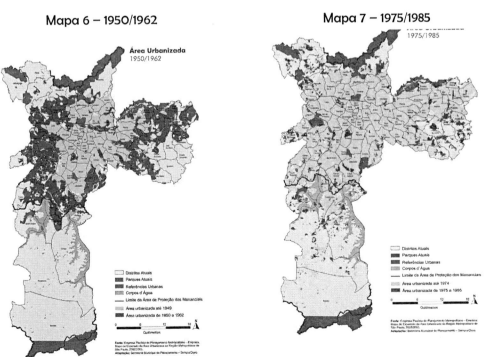

Mapa 6 – 1950/1962   Mapa 7 – 1975/1985

As dimensões dos conjuntos habitacionais, considerado um dos maiores da cidade, somadas a ocupação daquela área por outras formas de habitação, fizeram com que o local fosse denominado como uma "verdadeira cidade", delimitando territórios[13] na região, como permite ponderar a primeira das imagens expostas à seguir.

Foto 19: Alguns dos espaços na periferia foram rebatizados conforme a instalação dos Conjuntos Habitacionais da Cohab. Novos territórios estabelecidos na organização dos lugares. Fonte: Cohab-SP. Autoria: Desconhecida. Sem data. Local: Cidade Tiradentes – São Paulo.

Olhando a imagem anterior e analisando os mapas de expansão da mancha urbana, comparando ainda os dados sobre a Cohab-Tiradentes, é possível aventar que o crescimento populacional e o desenvolvimento urbano que ocorreram naquele local construíram e reconstruíram territórios socioculturais. A Cidade Tiradentes foi um dos principais espaços dessa expansão e transformação socioespacial vivenciada pela cidade, como permitem ponderar as fotos, as plantas de evolução da mancha urbana e a atual densidade demográfica daquela área.[14]

---

13 O conceito de território é aqui trabalhado a partir do sentido apontado por Maria Stella Bresciani e Raquel Rolnik. Segundo a arquiteta Rolnik: "Não existe um território sem sujeito, e pode existir um espaço independente do sujeito. O espaço do mapa dos urbanistas é um espaço; o espaço real vivido é o território" (BRESCIANI, 1991 e 1993; ROLNIK, 1997).

14 Atualmente também existem conjuntos do CDHU – Companhia de Desenvolvimento Habitacional e Urbano do Estado de São Paulo. Não priorizamos em nossas análises estes conjuntos em decorrência da nossa temática de tratar da implantação dos conjuntos da Cohab em combinação com as transformações urbanas e demográficas que ocorriam em São Paulo entre as décadas de 1960 e 1980.

Porém, Nabil Bonduki explica que ocorreram distorções das ideias originais que fundamentaram o ideário de conjuntos residenciais constituído ainda durante os CIAMs (Congressos Internacionais de Arquitetura Moderna) e expostas na *Carta de Atenas*, de 1933 (BONDUKI, 1998). Projetados como unidades de habitação (*"unité d'habitation"*) por Le Corbusier e Anatole Kopp, entre outros arquitetos, os "conjuntos habitacionais modernos" possuíam uma íntima ligação com as motivações de ordem social pelo fato de construir moradias e outros equipamentos coletivos destinados a atender às demandas do crescimento populacional, do desenvolvimento produtivo, da produção e da reprodução da força de trabalho.

Os Conjuntos Habitacionais eram pensados como unidades funcionais dentro de um conjunto de funções que constituiriam o espaço urbano, bem como a atuação e o pensamento sobre ele: o urbanismo. Ou seja, também se projetavam equipamentos sociais, culturais e urbanos em conjunto com as edificações. Essa leitura funcional sobre a cidade e a habitação fica clara nos seguintes trechos e tópicos da Carta de Atenas de 1933:

> 77 – As chaves do urbanismo estão nas quatro funções: habitar, trabalhar, recrear-se (nas horas livres), circular.
>
> [...]
>
> 84 – A cidade, definida desde então como uma unidade funcional, deverá crescer harmoniosamente em cada uma de suas partes, dispondo de espaços e ligações onde poderão se inscrever equilibradamente as etapas de seu desenvolvimento (Carta de Atenas, 1933).

Ainda de acordo com a carta do CIAM, a moradia teria uma função no quadro de constituição da cidade. Ela seria a "célula social" primordial do urbanismo, necessitando de complementos externos voltados à educação, ao comércio e ao lazer.

Neste sentido, esclarecia a *Carta de Atenas*:

> 88 – O número inicial do urbanismo é uma célula habitacional (uma moradia) e sua inserção num grupo formando uma unidade habitacional de proporções adequadas.
>
> Se a célula é o elemento biológico primordial, a casa, quer dizer, o abrigo de uma família, constitui a célula social. A construção dessa casa, há mais de um século submetida aos jogos brutais da especulação, deve tornar-se uma empresa humana. A casa é o núcleo inicial do urbanismo. Ela protege o crescimento do homem, abriga as alegrias e as dores de sua vida cotidiana. Se ela deve conhecer interiormente o

> sol e o ar puro, deve, além disso, prolongar-se no exterior em diversas instalações comunitárias. Para que seja mais fácil dotar as moradias dos serviços comuns destinados a realizar comodamente o abastecimento, a educação, a assistência médica ou a utilização dos lazeres, será preciso reuni-las em "unidades habitacionais" de proporções adequadas.
>
> 89 – É dessa unidade-moradia que se estabelecerão no espaço urbano as relações entre a habitação, os locais de trabalho e as instalações consagradas às horas livres.
>
> A primeira das funções que deve atrair a atenção do urbanismo é habitar e... habitar bem. [...] (Carta de Atenas, 1933).

Como explica Nabil Bonduki em entrevista à revista eletrônica *DiverCidade* do Centro de Estudos da Metrópole – CEM, os conjuntos habitacionais da Cohab, entre outros, deveriam ter sido concebidos e construídos "para gerar um espírito de coletividade, baseado na convivência intensa". Neste sentido, num conjunto habitacional, "todas as atividades urbanas estariam concentradas, com exceção do trabalho" (BONDUKI, 2008).

Porém, percebe-se que nos dois Conjuntos Habitacionais da Cohab-Tiradentes tais diretrizes não foram consideradas.[15] O objetivo foi mesmo alocar o mais rápido possível o maior número de pessoas de "baixa renda" e/ou "sem renda" num lugar distante das áreas centrais e valorizadas. Por este motivo, os edifícios deveriam ainda ser construídos a baixo custo. Os equipamentos urbanos, sociais, culturais e de lazer foram

---

15 Vale salientar que os conjuntos habitacionais da Cohab-Tiradentes e de outras Cohabs brasileiras não são os únicos que passam atualmente pelo crivo da crítica em relação aos seus resultados. Pierre Bourdieu, no livro *A miséria do mundo* (1997), também critica a forma como ocorreram no caso francês a construção dos: HLM – "habitations à loyer modere" – e dos ZUP – "zone à urbanizer em priorité". Segundo Bourdieu, "para compreender o que se passa em lugares que, como os 'conjuntos habitacionais' ou os 'grandes conjuntos', e também numerosos estabelecimentos escolares, aproximam pessoas que tudo separam, obrigando-as a coabitarem, seja na ignorância ou na incompreensão mútua, seja no conflito, latente ou declarado, com todos os sofrimentos que disso resultem, não basta dar razão de cada um dos pontos de vista tomados separadamente. É necessário também confrontá-los como eles o são na realidade, não para os relativizar, deixando jogar até o infinito o jogo das imagens cruzadas, mas, ao contrário, para fazer aparecer, pelo simples efeito da justaposição, o que resulta do confronto de visões de mundo diferentes ou antagônicas: isto é, em certos casos, o trágico que nasce do confronto sem concessão nem compromisso possível de pontos de vista incompatíveis, porque igualmente fundados em razão social".

colocados em segundo plano, quando considerados. O resultado deste processo, como explica Bonduki (2008), foi:

> a introdução, no repertório da arquitetura da habitação no Brasil, de um racionalismo formal, desprovido de conteúdo, consubstanciado em projetos e obras de péssima qualidade, que desgastou várias das propostas de habitação social defendidas pelo movimento moderno (BONDUKI, 2008).

As três imagens que seguem foram retiradas dos anexos ao *Projeto de Edificação – Plantas, Fachadas e Detalhes*, encaminhados pela Cohab à Prefeitura Municipal, referente ao Conjunto Habitacional Santa Etelvina, em 07/08/1972. Acompanha-se nas imagens algumas das considerações feitas por Bonduki quanto ao repertório da arquitetura daquelas edificações. As primeiras construções, no geral, seriam de quatro andares, sem elevadores e área interna de convívio.

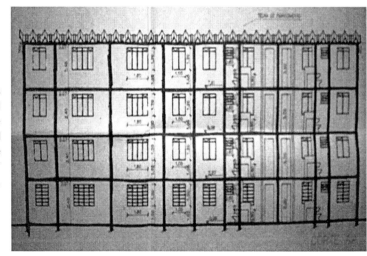

Planta 6 – Fachada de um dos módulos do Conjunto Habitacional Santa Etelvina – Cohab-Cidade Tiradentes. Acervo: Arquivo Geral de Processos do Município de São Paulo. Fonte: Cohab. Data: 7 de agosto de 1972.

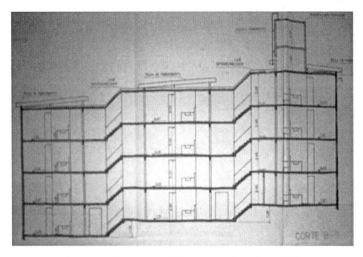

Planta 7 – Fachada interna de um dos módulos do Conjunto Habitacional Santa Etelvina – Cohab-Cidade Tiradentes. Acervo: Arquivo Geral de Processos do Município de São Paulo. Fonte: Cohab. Data: 7 de agosto de 1972

A próxima planta assinala as escadas das edificações que seriam construídas nos primeiros prédios dos conjuntos da Cohab-Tiradentes. Aliás, as escadas naquelas construções merecem um "capítulo a parte" em nossas análises. Por falta de equipamentos de convívio internos e externos aos conjuntos, em muitas dessas construções as escadas tornaram-se os pontos de encontro daquela população, de brincadeira das crianças e, por vezes, de intrigas.

Planta 8 – Escadas de um dos módulos do Conjunto Habitacional Santa Etelvina – Cohab-Cidade Tiradentes. Acervo: Arquivo Geral de Processos do Município de São Paulo. Fonte: Cohab. Data: 7 de agosto de 1972.

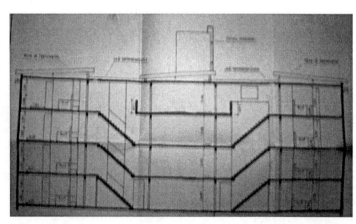

Maria José, uma das moradoras de outra edificação da Cohab na zona leste (Cohab Itaquera II), também datada do mesmo período da Cohab-Tiradentes, relata da seguinte forma a dimensão que as escadas adquiriram para o moradores daquelas construções:

> A escada então (situada do lado de fora e no meio do prédio) é o lugar onde as crianças, mulheres de "prensas domésticas" e idosos se encontram e de onde dá para ouvir e sentir tudo o que está acontecendo nos apartamentos do andar ou dos andares vizinhos. As crianças brincam ali nas escadas, por que não tem para onde ir (LEMOS e FRANÇA, 1999, p. 89).

Esta mesma impressão sobre as escadas, apresentada pelo depoimento de Maria José da Cohab-Itaquera, é oferecida novamente após dez anos pela mutirante Cilene Batista dos Santos, moradora na Cidade Tiradentes e ouvida por nós para esta pesquisa. Cilene, profissão doméstica e com renda mínima de 380 reais, recebeu seu contrato de "permissão de uso onerosa de caráter social com opção de compra" do empreendimento Irmã Lucinda, vinculado ao Fundo Municipal de Habitação – FMH – e por instrumento particular da Cohab.

Após isto, foi morar com seus dois filhos num apartamento na Chácara Santa Etelvina – Cidade Tiradentes (Rua dos Têxteis). Segundo Cilene, que precisou trabalhar nos finais de semana no mutirão juntamente com outros familiares, no projeto apresentado pelo memorial descritivo havia a previsão da construção de *playground* para aquelas edificações. Porém, a ausência deste e de outros equipamentos fizeram com que as escadas continuassem como um dos principais espaços de sociabilidades dos moradores.

Foto 20: Um dos vários prédios da Cohab-Tiradentes que compõem um ambiente marcado pela monotonia destas construções. Autoria/Acervo: Simone Lucena Cordeiro. Data: 2008. Local: Cidade Tiradentes – São Paulo.

Além do aspecto arquitetônico e de uso dos imóveis, a paisagem gerada pelos conjuntos habitacionais da Cidade Tiradentes é marcada pela uniformidade das edificações. No filme *Moro na Tiradentes*, uma das personagens do documentário narra que, quando foi habitar na Cidade Tiradentes, sentiu dificuldade de localizar sua própria moradia (GERVAISEAU e MESQUITA, 2008).[16] As imagens a seguir permitem dimensionar panoramicamente a uniformidade daquelas construções, comum não só no caso da Cohab-Tiradentes.[17]

---

16 *Moro na Tiradentes*, que entrou em cartaz em 2008, foi dirigido por Henri Gervaiseau e codirigido por Claudia Mesquita. O documentário traz entrevista e imagens do cotidiano daquele local. Estamos utilizando especialmente neste capítulo algumas destas entrevistas e imagens com fontes para nossas análises. O filme apoiou-se em parte nas pesquisas realizadas por Tiaraju Pablo D'Andrea, do Centro de Estudos da Metrópole, com o título *Redes Sociais em Cidades Tiradentes*.

17 Metodologicamente, além do trabalho com a documentação escrita e iconográfica (plantas e fotografias), recolhi alguns depoimentos junto a moradores da Cidade Tiradentes, como Cilene Batista dos Santos. Os depoimentos de Cilene, bem como os que constam no filme *Moro na Tiradentes*, são compreendidos neste trabalho no sentido oferecido por Éclea Bosi (1994), Alessandro Portelli (1996) e Benedito Nunes (1988): não como uma fonte que seria um puro reflexo do passado, mas uma construção sociocultural de sujeitos históricos. Em seu livro *Lembranças de velhos*, Éclea Bosi assinala que "a memória não é um sonho, é trabalho de refazer, reconstruir, repensar, com imagens e ideias de hoje, as experiências do passado, de modo que despojá-las de seu conteúdo de presente [...] seria uma imagem fugidia" (1994, p. 61).

Cidade Tiradentes e Cohab 155

Foto 21: Visão panorâmica de um dos conjuntos habitacionais da COHAB. Os prédios geram uma impressão de monotomia e uniformidade. Autoria: desconhecida. Data: 1976. Local: Guaianases - São Paulo.

Deste modo, concordamos com Nabil Bonduki quando assinala que a Cidade Tiradentes tornou-se um dos maiores exemplos dos equívocos cometidos na implantação dos conjuntos habitacionais brasileiros. Nela, a moradia, de baixa qualidade ambiental e arquitetônica, foi constituída como apenas unidade habitacional, descolada da necessidade de equipamentos urbanos (como transporte), culturais, sociais e de emprego para a população ali moradora.

Em outras palavras, a forma como ocorreu a construção daqueles conjuntos habitacionais, na nossa análise, aumentou a segregação dos moradores daquele lugar em relação à cidade, dificultando a princípio o próprio convívio entre os mesmos, como permite ponderar alguns dos depoimentos presentes no filme *Moro na Tiradentes*. Segundo o filme, para alguns dos moradores daquela subprefeitura há dificuldades de se considerarem como moradores da Cidade Tiradentes. Ainda conforme o documentário e como analisamos no primeiro capítulo, as dificuldades de locomoção e as distâncias em relação às áreas mais centrais fazem com que muitos não digam que lá moram para arranjarem emprego.

Assim, concordamos com Bonduki (2008), quando afirma que uma das principais distorções do desenvolvimento da Cohab-Tiradentes foi "não terem levado o próprio nome a sério: Cidade Tiradentes poderia ser uma cidade de fato", ou, pelo menos, seus moradores deveriam ter sido pensados como cidadãos.

Reafirmamos que, ao que tudo indica, a construção da Cohab–Tiradentes relacionou-se mais à necessidade de remover os considerados "obstáculos" ao desenvolvimento municipal, entre eles: alguns tipos de habitação consideradas impróprias (favelas, cortiços e casas irregulares) localizadas na área central, como já assinalava o PUB de 1969.

Porém, apesar do planejamento como um "grande conjunto periférico e monofuncional do tipo bairro dormitório" (SUBPREFEITURA DA CIDADE TIRADENTES, 2008) ter marcado a constituição da Cidade Tiradentes, voltamos a destacar a fundamental presença das outras formas de morar naquela área, resultante do processo de hierarquização dos espaços vivenciado por São Paulo a partir dos anos 1960. Uma demonstração pode ser acompanhada comparando os dados sobre o número de moradores daquela subprefeitura com o número de residentes nos conjuntos habitacionais.

A população daquele local, em 2003, era estimada em 197.614 pessoas, enquanto o número de moradores nos conjuntos da Cohab para aquele mesmo ano era de 116.484 moradores. Atualmente, o número de residentes naquela subprefeitura é estimado em 248.762 habitantes. Estes dados assinalam que certamente existem outras formas de moradias: geralmente autoconstruções em loteamentos habitacionais "clandestinos" localizados em lacunas deixadas na construção dos prédios da Cohab ou em ocupações nas bordas dos conjuntos e favelas, como é possível ponderar pelas fotografias quando observadas em seus detalhes. Nas imagens a seguir, às margens dos conjuntos, aparecem outras formas de construção.

Foto 22: A imagem permite visualizar que nem só os conjuntos habitacionais formam a paisagem social e ambiental da Cidade Tiradentes. Autoria/Acervo: Simone Lucena Cordeiro. Data: 2008. Local: Cidade Tiradentes – São Paulo.

Foto 23: Como nas imagens anteriores: outras edificações formam a Cidade Tiradentes. Autoria/Acervo: Simone Lucena Cordeiro. Data: 2008. Local: Cidade Tiradentes – São Paulo.

Assim, a Cidade Tiradentes também se constituiu através de formas alternativas de habitar a cidade, nem sempre aceitas pelo poder público. Porém, compreendemos este processo não só como simultâneo à construção dos conjuntos habitacionais da Cohab. Pensamos que muitas dessas outras formas de construção tenham até antecedido algumas das edificações dos conjuntos residenciais. Esta nossa ponderação parte da leitura dos dados acerca da moradia popular no período anterior e durante a construção dos conjuntos residenciais.

No ano de 1970, para uma população de 5.924.615 munícipes, existiam 1.273.551 domicílios (SECRETARIA DE ECONOMIA E PLANEJAMENTO DO ESTADO DE SÃO PAULO, 1976, p. 173). Vale destacar que, ainda de acordo com a Secretaria de Economia e Planejamento, não eram consideradas na montagem destes dados as moradias vistas como irregulares: favelas, casas em "loteamentos clandestinos", cortiços, autoconstruções e casas construídas em mutirões sem planta e registro na prefeitura. Essas moradias, apresentadas como irregulares pelos dados a seguir, também estavam em expansão no período e, provavelmente, também possuíram relação com o desenvolvimento populacional e da mancha urbana para espaços como Itaquera, Guaianases e na futura Cidade Tiradentes, como visualizamos nas plantas anteriores neste capítulo.

A quantidade das formas de moradia irregular e dos que não possuíam casas conforme os padrões desejados também permitem ponderar que a periferia, como a futura Cidade Tiradentes, deveria ser dos espaços da habitação de parcela da população que crescia sem a necessária distribuição de renda. Em 1957, segundo os números apurados pela Financiadora de Estudos e Projetos – Finep –, existiam na capital um "total de 141 núcleos (de favelas) com 8.488 barracos e cerca de 50.000 favelados" (FINEP, 1985, p. 66 e 76). De acordo com o jornal *O Estado de São Paulo*, em 1968, "existiam dez mil barracos de favelas, [...] e 45 mil habitações precárias abrigavam mais de 200 mil pessoas". Neste sentido, somente para aquele ano, o "déficit habitacional desse grupo social nada afortunado já somava 600.000" (OESP, 13 jan. 1972, p. 22).

Em 1973, o número de favelas cresceu para 542 núcleos com 14.650 barracos e cerca de 71.840 moradores (SACHS, 1999, p. 85). Segundo o livro *São Paulo 1975 – crescimento e pobreza*, realizado por pesquisadores do Cebrap, no período o número de favelados era de

130.000 pessoas, o de moradores em cortiços 615.000 pessoas e existiam "1,8 milhões" de pessoas morando "nas casas precárias da periferia" (CAMARGO, 1975, p. 37).[18]

Reafirmamos que por esses números é possível pensar que também essas formas de morar estavam em expansão na periferia paulistana. Assim, no período no qual Itaquera, Guaianases e a futura Cidade Tiradentes constituíram-se como um dos espaços principais dos conjuntos habitacionais da Companhia Metropolitana de Habitação, a construção de habitações consideradas pelo poder público como irregulares ou inadequadas era também elevada na cidade e naquela área.

Em 1968, segundo os dados do Cebrap apresentados na obra *São Paulo 1975 – crescimento e pobreza*, 89,3% dos domicílios em Itaquera eram desprovidos de água, 96,9% de esgoto, 87,5% de pavimentação e 71,9% de coleta de lixo (CAMARGO, 1975, p. 28). Naquele mesmo ano, a Secretaria de Economia e Planejamento do Governo do Estado de São Paulo, em conjunto com a Emplasa e o Instituto de Planejamento Regional e Urbano da Universidade de São Paulo – Urplan-USP –, num estudo sobre a construção de moradias na periferia de São Paulo, informava que em 1975 "apenas no município da Capital, estimava-se que cerca de 450 mil moradias periféricas foram construídas mediante o esforço próprio das famílias que vieram ocupá-las" (SEP/Emplasa/Urplan-USP, 1979, p. 39).

Já o jornal *O Estado de São Paulo*, do dia 26 de junho de 1979, assinalava que "os 180.000 habitantes da Cidade Líder", distrito da atual Subprefeitura de Itaquera e próximo da futura Cidade Tiradentes, "não possuem água encanada e nem rede de esgotos" (OESP, 26 jun. 1979). A sequência de imagens a seguir, apesar da falta da localização exata, auxilia nossas ponderações sobre as diferentes formas de construir a moradia na periferia, especialmente na área na qual seria constituída a Cidade Tiradentes. Assinalam para a presença de favelas, autoconstruções e outros tipos de construções precárias na periferia leste da cidade entre as décadas de 1960-1980.

---

18 Esse estudo foi realizado por pesquisadores do Centro de Brasileiro de Análise e Planejamento – Cebrap –, atendendo solicitação da Pontifícia Comissão de Justiça e Paz da Arquidiocese de São Paulo, na década de 1970.

Foto 24: Crianças brincam na rua sem pavimentação e em meio aos varais com a roupa secando – os espaços externos complementando os da casa. Fonte/autoria: Arquivo Público do Estado. Data: 1960/1970. Sem localização.

Foto 25: Na imagem aparecem casas de madeira e a utilização do lado externo das mesmas – ambiente típico das chamadas favelas. Acervo: Arquivo Público do Estado. Autoria: Desconhecida. Data: 1960/1970. Local: Zona Leste – São Paulo.

Acreditamos, assim, que a (re)configuração da cidade, particularmente nos distritos periféricos, onde situava-se a Cidade Tiradentes, também vinculou-se à construção de moradias em loteamentos considerados irregulares ou clandestinos, favelas, ocupações, mutirões, autoconstruções, ainda frequentes, como assinalam as imagens apresentadas mais adiante neste capítulo. Mesmo considerando a extensão das construções do tipo Cohab, é possível ponderar que parte da população paulistana, no caso deste projeto na periferia leste (Cidade Tiradentes), possivelmente constituiu maneiras alternativas de morar em São Paulo à margem do poder público.

Junto com os conjuntos habitacionais, a autoconstrução e mesmo as favelas constituem as habitações típicas da periferia. Assim como o "loteamento clandestino" é a forma de ocupação mais comum nestas áreas da cidade. Os próprios órgãos governamentais e públicos reconhecem isto, como fica claro na análise a seguir:

> [A autoconstrução] É a forma como a população pobre resolve o seu problema de alojamento, quando consegue levar (mediante seu próprio esforço) a solução além dos cortiços e favelas. Ainda assim, é a habitação, via-de-regra, legalmente precária. Essa precariedade, que reflete as condições em que é produzida [...] tem sua origem no próprio lote em que se assenta (SEP/Emplasa/Urplan-USP, 1979, p. 311).

A Cidade Tiradentes, neste sentido, não é diferente. Apesar de uma paisagem fortemente marcada pelos conjuntos habitacionais, o ambiente é dividido com as autoconstruções. Para dimensionarmos esta "clandestinidade" e a falta ou pouca infraestrutura urbana para as camadas populares, vale ler as análises da *Revista Construção* a seguir acompanhando a sequência de fotos anteriores e as que seguem em diferentes períodos.

Pela matéria também percebe-se que o programa de "erradicação de favelas" alardeado pelo prefeito Figueiredo Ferraz, em 1972, não considerava a periferia, até porque, na nossa compreensão apresentada anteriormente neste capítulo, era para estas áreas que deveria ser alocada a parcela da população excluída da cidade. No trecho na sequência sobressai também a terminologia utilizada para apresentar a forma de morar na periferia: "terras invadidas", "habitações degradadas", "habitações subnormais" e a "clandestinidade". Observamos isto porque, por vezes, a forma como eram descritas as moradias populares era confundida com as descrições dos próprios moradores, como relatou Carolina Maria de Jesus, em 1960, no livro *Quarto de despejo – diário de uma favelada*.

[...] ampliaram-se, desde então [1972], o número de loteamentos irregulares, de terras invadidas (tanto públicas quanto privadas) e de habitações degradas. Os resultados da irregularidade, em 1980, segundo os dados da Emurb, foram: loteamento e arruamentos clandestinos estimados em 1979 em mais de 4.500 no município, enquanto as habitações subnormais – favelas e cortiços – contaram com um crescimento de 548% entre 1973 e 1980, tendo a população da cidade crescido 33% (*Revista Construção*, 15 fev. 1982, capa).

Foto 25: No plano de fundo visualiza-se uma série de casas típicas da autoconstrução. Autoria/Acervo: Simone Lucena Cordeiro. Data: 2008. Local: Cidade Tiradentes – São Paulo.

Nas análises da Secretaria de Economia e Planejamento estadual, entre as décadas de 1960-1980, ocorreu uma nova distribuição urbanística da cidade com a periferização de sua população: os "desmunidos de recursos ocuparam a periferia da Capital onde, nestas últimas três ou quatro décadas, surgiram bairros afastados do centro, que, juntamente com os tradicionais cortiços e favelas, alojaram os setores mais carentes da população" (SEP/Emplasa/Urplan-USP, 1979, p. 15). Neste sentido, após analisar as formas de construção das habitações na periferia, particularmente a autoconstrução, o documento da Secretaria de Economia e Planejamento do governo do estado propunha participação do poder público em suas três esferas como fundamental para "controlar o problema social" gerado (SEP/Emplasa/Urplan-USP, 1979, p. 15).

Porém, observando as fotos atuais da Cidade Tiradentes e de outros bairros da periferia paulistana, como aconteceu com outras medidas propostas analisadas anteriormente, o poder público fracassou em seu propósito. Pensamos que este fracasso resulta dos limites das alternativas apresentadas para atuar em relação à moradia popular na cidade, bem como do modelo econômico e urbano historicamente adotado na cidade de hierarquização dos espaços e intervenções urbanísticas, conduzindo à exclusão de grandes parcelas da população.

Ao mesmo tempo, a forma como o poder público, em suas três esferas, trata os modos pelos quais a população resolve suas necessidades de moradia conduz mais ainda à exclusão da mesma. Novamente, lembrando do que escreveu Carolina Maria de Jesus, parte da periferia, das favelas e dos lugares onde acontecem as autoconstruções, aparentemente, aparece como o "quintal" da cidade. Porém, lembrando de autores como Certeau, Lepetit, Lefebvre, Roncayolo e Bourdieu, entre outros, neste processo de periferização de São Paulo, no qual se inclui a Cidade Tiradentes, a população paulistana atuou reapropriando-se dos espaços organizados ou não, oferecendo a eles significados socioculturais e constituindo territórios.

Deste modo, a Cidade Tiradentes, bem como a periferia, é vista neste estudo não somente como um lugar distante da área central da cidade ou como apenas o espaço da pobreza, mas também como território sociocultural. Onde, como explica Maria Stella Bresciani (1991, p. 13), "as múltiplas redes de sociabilidade se repetem, diferenciam-se, modificam-se em filamentos imponderáveis". Entendemos a Cidade Tiradentes assim também como lugar onde ocorrem as relações entre os sujeitos de maneira coletiva e individual.[19]

Além dos projetos e iniciativas sobre a habitação social apresentados pelos grupos responsáveis pela constituição da chamada "política de habitação" paulistana, os moradores da Cidade Tiradentes e de outras periferias paulistanas construíram e constroem em seu cotidiano formas de viver e morar na cidade, as quais representam perspectivas de vida. Portanto, partimos do entendimento de que, por vezes, as descrições sobre as condições urbanas e socioeconômicas daquele lugar e de seus moradores criam estigmas, colocando aquela população numa suposta situação de apenas passividade decorrente das iniciativas e projetos habitacionais.

---

19 Para a discussão deste contexto de constituição popular da moradia foram fundamentais as leituras de: BOURDIEU (1997 E 1998); CANCLINI (1997); CERTEAU (1996); GEERTZ (1989); GINZBURG (1989); LEPETIT (2001); LEFEBVRE (2001); PERROT (1992); RONCAYOLO (1986); THOMPSON (1998); WILLIAMS (1969), entre outros.

Como já assinalamos, São Paulo é composta por territórios constituídos pela população, por vezes, entrando em conflito com os discursos e intervenções urbanísticas. Vivências que constituem costumes e tradições, às vezes subversivas, marginais e não desejadas em relação às perspectivas dos poderes públicos, criando uma situação geradora de atritos.

Deste modo, a ideia de território nos interessa por ser relacionada à da presença de diferentes sujeitos na cidade, incluindo os da periferia. A Cidade Tiradentes, por sua vez, seria também composta por territórios repletos de sociabilidades e culturas que se diferenciam.

Como discute Bernard Lepetit (2001, p. 141), "a habitação é signo social e suporte de uma prática cultural que não são intangíveis: as maneiras de coabitar e a distribuição dos papéis entre os membros da comunidade de moradores, como mostrou a experiência recente, são capazes de evoluir em curto prazo". Pensamos como Certeau no caso da habitação popular em São Paulo e na Cidade Tiradentes. Parte significativa da população construiu formas diferentes das propostas pelo governo, construtoras privadas e institutos.

Em outras palavras, diferentes sujeitos construíram formas de habitar a cidade que nem sempre foram aceitas pelas autoridades e pelos interesses imobiliários particulares, gerando por vezes conflitos de interesses dos grupos sociais existentes.

A arquiteta Marta Dora Grostein assinala que "a evolução do processo de urbanização, no contexto da cidade de São Paulo, pode ser explicada através da dinâmica que se estabelece entre as tentativas de controle institucionalizadas pelo Estado e a configuração espacial resultante de outras formas de determinação do urbano (as práticas sociais que se sobrepõem e/ou contrapõem aos controles institucionais)". Segundo ela, neste sentido, foi essencial o "papel desempenhado pelo assentamento habitacional da população de baixa renda na expansão da malha urbana do município e na consequente influência desta na configuração do processo de urbanização" (GROSTEIN, 1990, p. 34-35).

Fica perceptível nas palavras da arquiteta que o atual contexto da habitação popular em São Paulo faz parte de um processo histórico diversificado que não é novo. A própria terminologia empregada pelo poder público e por parte da imprensa para classificar as habitações fora do padrão considerado técnica, estética e juridicamente legal (ou sob controle) não é nova, conforme é possível acompanhar na documentação que estudamos até o momento.

Do mesmo modo, no caso particular da Cidade Tiradentes, é comum descrevê-la como lugar da miséria, sem infraestrutura urbana, espaço da criminalidade e onde moram as camadas perigosas da população, formada por um grande contingente de jovens que "reagem com violência à exclusão". Em matéria publicada pelo jornal *Folha de S. Paulo*, em agosto de 2004, ao analisar dados fornecidos pela Fundação Seade, vêm à tona algumas dimensões dessa descrição costumeira em relação às periferias paulistanas e sua gente:

> A periferia paulistana, onde se verificam os piores indicadores socioeconômicos, os maiores índices de exclusão e violência e os recordes em crescimento populacional da cidade, concentra também as regiões com maior percentual de crianças e jovens menores de 15 anos, cujo futuro, diante da realidade em que vivem, lhes parece nada promissor. O retrato da falta de perspectiva está nas informações do banco de dados Município de São Paulo, elaborado pela Fundação Seade (Fundação Sistema Estadual de Análise de Dados) (VIVEIROS, 2004).

Como é possível apreender na interpretação oferecida pela matéria do jornal sobre os dados apresentados, os números expressos supostamente revelariam uma "falta de perspectiva" da população jovem da periferia paulistana. O texto, na sequência, defende essa interpretação ao assinalar mesmo que "falta um projeto de vida" à juventude da periferia, conduzindo muitos a "optarem" pela violência e pelo crime.

> Pela primeira vez, as estatísticas (de anos diferentes, no período entre 2000 e 2004) foram destrinchadas pela subprefeitura, de forma a fornecer um raio-X da capital que possa ajudar na efetiva implementação de programas e políticas públicas, diz Cecília Comegno, coordenadora do trabalho. A conjugação de mais jovens e piores expectativas é, segundo especialistas, um grande fator de risco. "A falta de um projeto de vida está muito relacionada à opção pelo imediatismo da violência e da criminalidade", resume Luciana Guimarães, diretora de projetos do Instituto Sou da Paz (VIVEIROS, 2004).

Não estamos procurando negar as difíceis condições urbanísticas e sociais da periferia e, particularmente, da Cidade Tiradentes, nem de parte das habitações populares ali construídas, tais como precárias condições de rede de esgoto, água encanada, luz, lazer, habitação, transporte, pavimentação, saneamento, segurança, saúde, educação, equipamentos culturais, esportivos.[20] Também não desconsideramos as dificuldades socioeconômicas (como a falta de emprego) e os índices de criminalidade e violência relativos a este território e sua população, como assinala o mapa a seguir acerca das classes sociais por renda em São Paulo ainda em 1969. Pelos dados, a região da futura Cidade Tiradentes (nesta planta do PUB localizada como a de São Mateus) é uma que possui a maior parte de seus habitantes como sendo de "classe média-baixa" e "classe baixa", 93,3%.

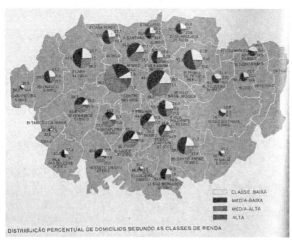

Mapa 8: PUB – Plano Urbanístico Básico de São Paulo Laboratório. Data: 1969.

Porém, acreditamos que, por vezes, o modo como é descrita essa parte da cidade e a forma de morar de sua população leva a pensar que os que lá residem vivem numa situação passiva em relação às dificuldades impostas pela falta de estrutura socioeconômica e infraestrutura urbana da periferia, não possuindo "perspectivas e projetos de vida", se deixando levar pelo crime e pela violência.

Ressaltamos que não estamos negando a validade dos dados estatísticos sobre a periferia paulistana, mas destacando que algumas das interpretações de suas informações (mesmo quando bem intencionadas) colocam em segundo plano, quando não reconhece, as experiências de vida e cultura da população moradora da periferia paulistana.

---

20 Sobre a relação entre moradia, qualidade de vida e meio ambiente lemos: JACOBI, 1999.

Acreditamos que essa forma de apresentar a periferia coloca de lado vivências construídas na cidade. Pois entendemos que o espaço aqui em foco não é "só" um lugar onde residem os pobres em precárias condições urbanísticas, mas também o lugar onde uma parcela da população mora, trabalha, se diverte e, enfim, vive a cidade.

A título de demonstração, as péssimas condições de acesso e transporte apresentadas acima, somadas ao preço das passagens, fazem muitos moradores da Cidade Tiradentes utilizarem formas "alternativas" de locomoção: lotações (clandestinas ou não), bicicletas e caminhadas, como assinala o próprio site daquela subprefeitura (SUBPREFEITURA DA CIDADE TIRADENTES, 2008). Pelas fotos apresentadas acima e na sequência é possível acompanhar que em meio às construções, terrenos e ruas, a população da Cidade Tiradentes constrói espaços de trabalho (varais, pontos de comércio fixo e ambulante etc.), lazer, esporte, cultura (campos de futebol, paredes como uma espécie de painéis para grafites etc.) e moradia.

Entendemos que as imagens que seguem somadas às outras demonstram a Cidade Tiradentes como um território repleto de outros territórios que, por vezes, se comunicam e entram em atritos.[21] Em outras palavras, aquele espaço não é um lugar somente onde moram os pobres em precárias condições urbanísticas, mas também o lugar onde essa parcela da população constitui suas experiências de vida e manifestam-se em seu cotidiano sociocultural na forma de morar, trabalhar, divertir, enfim, viver a cidade, como revelam, em parte, as fotos aqui expostas.

---

21 Ressaltamos que as fotos são consideradas neste trabalho como provas ou exemplificações a partir de análises pré-estabelecidas. Entendemos as imagens como fontes que oferecem informações, quando contrapostas aos documentos e à bibliografia estudada.

Foto 27: Por vezes, a falta de espaços nos conjuntos residenciais faz os moradores reaproveitarem parte da construção como extensão da parte interna do apartamento. Na imagem, as paredes do conjunto habitacional são usadas como um varal improvisado. Autoria/Acervo: Simone Lucena Cordeiro. Data: 2008. Local: Cidade Tiradentes – São Paulo.

Foto 28: Cena comum na Cidade Tiradentes são os varais em terreno que ganha utilização coletiva, lembrando muito as fotos anteriores aqui apresentadas em relação às antigas e novas favelas paulistanas. Autoria/Acervo: Simone Lucena Cordeiro. Data: 2008. Local: Cidade Tiradentes – São Paulo.

Apesar das duas imagens na sequência não serem da Cidade Tiradentes, vale vê-las lendo o texto da Secretaria de Economia e Planejamento do Governo do Estado de São Paulo, escrito em 1979, acerca da autoconstrução das moradias na periferia paulistana, como foi o caso da Cidade Tiradentes. Aquela secretaria, com apoio da Emplasa e Urplan-USP, recolheu depoimentos de moradores da periferia paulistana e realizou a seguintes análises:

> As formas que esse povo encontra para fazer frente a essa necessidade financeira [o texto refere-se à falta de dinheiro para construir a moradia] são, basicamente, reduzir os gastos básicos da família, poupar parte do salário e aumentar a jornada de trabalho ou, ainda, a utilização do 13º Salário, o saque do Fundo de Garantia por Tempo de Serviço e a venda de férias (SEP/Emplasa/Urplan-USP, 1979, p. 289).

Ainda conforme a Secretaria de Economia e Planejamento do Governo do Estado de São Paulo (1979), para autoconstruírem as casas os moradores utilizavam: "as horas que, normalmente, seriam reservadas ao descanso: fins de semana, feriados e, muitas vezes, à noite" (SEP/Emplasa/Urplan-USP, 1979, p. 291).

Além disso, nas construções o apoio da família e dos amigos era e ainda é uma constante: "nos casos em que o entrevistado não sabia construir, quando iniciou a construção da casa, nota-se, em geral, a presença de familiares ou amigos pedreiros no processo de trabalho que passam, então, a orientá-lo" (SEP/Emplasa/Urplan-USP, 1979, p. 291).

A Cidade Tiradentes, além de lugar da moradia, também torna-se, por vezes, espaço do trabalho. Andando por aquela subprefeitura e assistindo ao filme *Moro na Tiradentes* encontramos: borracharias, oficinas mecânicas, casas de material de construção, armazéns, bares, lojas, padarias, escritórios, agências imobiliárias, *lan houses*, academias de musculação, capoeira e artes marciais.

Alguns destes espaços são considerados "clandestinos" e/ou "informais" pelo poder público, porém, dividem o mesmo território com as Cohabs e com os raros equipamentos do poder público como o CEU-Cidade Tiradentes. As imagens que seguem possibilitam dimensionar estes outros espaços que complementam a moradia e permitem visualizar o constante processo de reelaboração socioespacial e cotidiana da população da Cidade Tiradentes.

Foto 29: Na foto aparece uma borracharia, provavelmente considerada "clandestina". Uma das cenas das relações cotidianas nas Cohabs: o comércio considerado "informal". Autoria/Acervo: Simone Lucena Cordeiro. Data: 2008. Local: Cidade Tiradentes – São Paulo.

Foto 30: Novamente uma imagem do cotidiano da Cidade Tiradentes em relação às formas alternativas de trabalhar e conviver. Autoria/Acervo: Simone Lucena Cordeiro. Data: 2008. Local: Cidade Tiradentes – São Paulo.

Foto 31: Centro Educacional Unificado – CEU Água Azul na Avenida dos Metalúrgicos – Cidade Tiradentes. Um dos espaços formais do poder público. Sem autoria. Fonte: Subprefeitura da Cidade Tiradentes. Data: 2008. Local: Cidade Tiradentes – São Paulo.

Como as imagens anteriores permitem ponderar, a reelaboração dos espaços na Cidade Tiradentes é algo constante. A falta de intervenções públicas quanto a equipamentos socioculturais e esportivos é enfrentada pela população daquele lugar reutilizando e reinventado espacialidades e criando territoriedades.

Nesta última sequência de imagens é possível apreender dimensões das diversas formas de lazer e atividades socioculturais constituídas de forma alternativa pela população local. Para acompanhar as fotos, o texto a seguir, analisando algumas das narrativas do filme *Moro na Tiradentes*, aumenta nossa percepção sobre a população daquela periferia paulistana. O texto encontra-se na revista eletrônica do Centro de Estudos da Metrópole – CEM – e analisa:

> As imagens mostram [refere-se às imagens do filme] o interior das casas, um santinho, um caneco da Vai-Vai. Esses pequenos detalhes parecem deixar entrever um movimento diferente, enfatizado pelo próprio título, de busca de auto-afirmação e criação de melhores condições de vida. Muitos dos relatos contam também sobre conquistas ou melhorias no bairro, como ampliação de casas, aumento no comércio ou diminuição da violência (STAM, 2008).

Foto 32: As festas na Cidade Tiradentes e nos bairros vizinhos tornam-se ponto de encontro da população local que, apesar da distância dos espaços culturais centrais, criam seus próprios espaços. Autoria/Acervo: Simone Lucena Cordeiro. Data: 2008. Local: Guaianases – São Paulo.

Foto 33: Na falta de equipamentos de lazer, esporte e cultura, a população reelabora a utilização dos espaços públicos. Autoria/Acervo: Simone Lucena Cordeiro. Data: 2008. Local: Centro de Guaianases – São Paulo.

Ressaltamos que, na nossa percepção, diferentes sujeitos têm diversas formas de conceber e atuar na cidade, tornando perceptíveis divergências e combinações de interesses entre os variados grupos sociais na composição dos espaços. Pensamos que este foi o caso da população da Cidade Tiradentes, que precisou reelaborar, conforme suas necessidades, formas de morar e viver naquele espaço.

No filme *Moro na Tiradentes*, esta análise é perceptível na fala de alguns dos moradores daquele lugar. Por exemplo, o morador Nando afirma que "a gente tem que transformar isso aqui". Ivone, outra moradora, acentua que, apesar de desejar morar na Vila Maria, acabou "gostando" e/ou "acostumando" com a Cidade Tiradentes:

> eu gosto dos dois lugares. Eu acostumei nos dois lugares. Por causa deles [ela se refere aos filhos] eu acabei acostumando. A situação mandou eu acostumar. Então acabei gostando daqui. Acho que eu nem me vejo fora daqui. Eu vou ficar peixe fora da água fora da Tiradentes (GERVAISEAU e MESQUITA, 2008).

Reafirmamos assim que não pensamos a constituição socioespacial da Cidade Tiradentes como somente uma derivação da atuação dos grupos à frente do poder público. A municipalidade (através da Cohab) e o governo estadual (através do CDHU), ao construírem seus conjuntos habitacionais, não conseguiram determinar as únicas formas de morar e viver naquela região. Entendemos que a população daquele lugar, como de outras localidades da cidade, também interagiu e interage com as ações da administração pública, oferecendo novos usos e valores e (re)criando territoriedades socioculturais.

Gostar de um lugar não é, portanto, um acontecimento totalmente previsível pelas normas ou projetos de habitação. O afeto pelo local em que se mora é fruto de uma construção complexa, embora possa parecer simplória. Pois envolve relações de amizade edificadas em cada instante ou ao longo dos anos. Envolve também favores e reconhecimentos, muitos deles expressos de modo invisível, por gestos, oferendas, respeito, conhecimento do lugar e das pessoas que nele vivem e passam.

Gostar de um lugar é, assim, uma experiência ampla e fundamental, que felizmente é construída, muitas vezes, nos ambientes mais improváveis, menos salubres ou amigáveis à primeira vista. Há, portanto, muito que se aprender sempre que se ouve alguém dizendo que gosta de viver num certo lugar, ou em dois lugares. Há sempre uma vitalidade inventiva na expressão deste afeto. E por meio dele, a habitação deixa de ser uma materialidade feita apenas de cimento e cal.

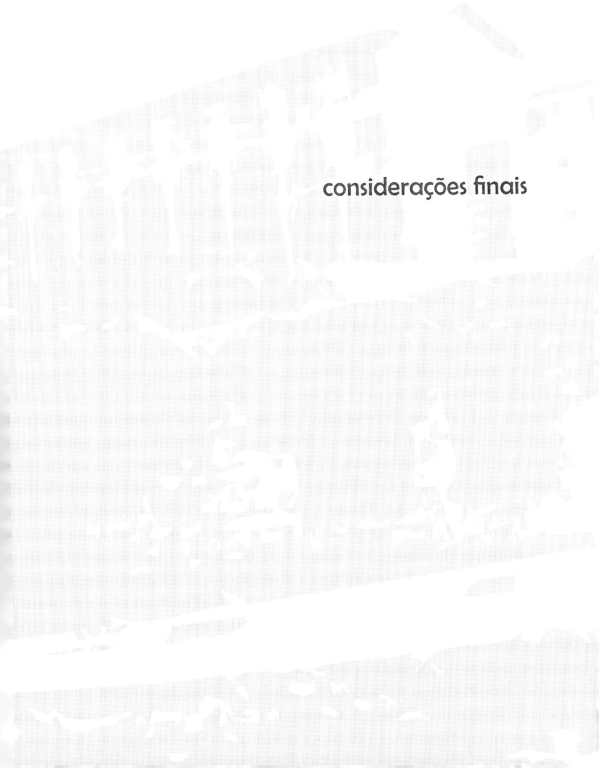

considerações finais

Renovem as casas, alinhem as ruas, transformem as praças: "As pedras e os materiais não lhe oporão resistência, mas os grupos resistirão, e neles vocês enfrentarão a resistência, senão das pedras, ao menos de suas disposições antigas".

Bernard Lepetit, 2001

Estudar a Cidade Tiradentes e seus arredores durante e após a construção dos conjuntos habitacionais da Cohab-SP nos permitiu apreender dimensões dos projetos oficiais de moradia, suas ambições de cidade e cidadão, a partir das explicações acerca das opções arquitetônicas, urbanísticas, socioculturais e econômicas. Ao mesmo tempo, possibilitou acompanhar aspectos da maneira como cotidianamente os diferentes moradores daquela periferia paulistana, residentes ou não nas edificações da Cohab, constituíram sua forma de habitar São Paulo, nem sempre benquistas pelo poder público.

No nosso primeiro capítulo buscamos realizar a localização política, administrativa e socioespacial da Cidade Tiradentes. Percebemos, através de uma análise comparativa entre os dados atuais e históricos daquela região, que a alteração de seu *status* com a criação da subprefeitura não implicou fundamentalmente numa maior participação da população nas decisões do poder público. Da mesma forma, ao analisarmos os índices atuais e os relativos à construção dos conjuntos da Cohab, nos foi possível acompanhar que as expectativas em relação à melhoria das condições de vida e do atendimento das necessidades da população local não se concretizaram em sua plenitude e ainda deixam muito a desejar.[1]

Na sequência do nosso trabalho, ao discutimos os projetos da Cohab e de moradia popular apresentados pelo poder público em suas três esferas, a partir da década de 1960, acompanhamos que os mesmos vincularam-se a um contexto de confiança no planejamento urbano e nas leis urbanísticas. Por sua vez, percebemos que os planos e a legislação urbana relacionavam-se à necessidade de apoiar o desenvolvimento industrial

---

1   Os dados e índices a que nos referimos são relativos à presença ou ausência dos equipamentos que constituem a infraestrutura urbana, social e cultural da Cidade Tiradentes: pavimentação, transporte, escolas, creches, hospitais, rede de esgoto, centros culturais, políticas de desenvolvimento econômico local etc.

e econômico da cidade como um dos principais polos da política econômica adotada pelo governo federal durante o regime militar brasileiro.

Para favorecer o modelo político-econômico vigente, era necessário também estabelecer o controle social e urbano da cidade que crescia demográfica e espacialmente, exigindo novos parâmetros jurídicos e político-administrativos. Este quadro resultou na criação de planos, leis e órgãos urbanísticos, tais como: a Cohab (1965); o BNH (1964); o Serviço Federal de Habitação e Urbanismo (1964); o Plano Urbanístico Básico (1969); o Plano Diretor de Desenvolvimento Integrado da cidade (1971); o Plano Metropolitano de Desenvolvimento Integrado (1971); a Lei de Uso e Ocupação de Solo – Lei de Zoneamento Municipal (1972); entre outros.

O estudo das propostas e leis apresentadas entre as décadas de 1960-1980 nos levou a refletir que nem sempre as intenções se concretizaram em sua totalidade. Porém, discutimos que, entre as diretrizes planejadas, a da periferização da moradia e de parte das camadas populares foi uma das que mais foi implementada pelas autoridades públicas. Pelos documentos estudados ponderamos que o principal objetivo do planejamento urbano paulistano de então, em que se incluía a política de moradia popular, era mesmo o de estimular o modelo de desenvolvimento econômico-industrial dependente do capital externo, seguindo as orientações da política econômica adotada pelo governo brasileiro durante a ditadura militar. Por isso, as ações do poder local e regional referentes às políticas urbana e de moradia vincularam-se às iniciativas do governo federal através do BNH.

A política habitacional adotada constituía-se num patamar complementar, porém essencial, das orientações acerca da moradia popular, tendo como um dos seus resultados fundamentais a proposta de conjuntos habitacionais da Companhia Metropolitana de Habitação na periferia paulistana. No entanto, consideramos que o processo de periferização da moradia para a população de "baixa renda", desencadeado pelo poder público, em que a Cohab e seus conjuntos habitacionais teriam um papel fundamental, não garantiu para a população dessas localidades a criação de infraestrutura urbana e social.

Assim, a construção dos conjuntos habitacionais como os da Cohab-Tiradentes vinculou-se a essa ausência ou negligência em relação à implantação da infraestrutura urbano-social e aos propósitos de periferização de uma parte da população da cidade.

Aliás, como debatemos no primeiro capítulo, a população moradora ou não nos conjuntos habitacionais daquela Cohab-Tiradentes ainda hoje vivencia a falta da infraestrutura prevista pelos planos urbanísticos das décadas de 1960-1990.

O estudo comparativo entre as propostas com as iniciativas assinalou então para as fronteiras espaciais e sociais dessas proposições e intervenções frente ao *déficit* habitacional. Apontou também para os objetivos e a atuação sobre a cidade e o cidadão, bem como para qual seria o papel da Cohab, conduzindo à periferização, especialização e hierarquização dos espaços da cidade e à exclusão socioespacial de uma parcela da população.

Discutimos que o modelo de construção adotado pela Cohab tornou-se padrão no sentido de onerar cada vez mais a população de "baixa renda" com os custos da própria habitação e o poder público com as despesas relativas à infraestrutura e social. Por isso, pensamos a Cohab como um dos "organismos interpostos" do Estado, também vinculada ao desenvolvimento do mercado da construção civil e de material de construção, que cresceu significativamente no período.

No último capítulo deste estudo, ao tratarmos da implementação da Cohab-Cidade Tiradentes, acompanhamos que isto ocorreu num contexto no qual as autoridades, a partir da segunda metade da década de 1970, com a crise do "milagre econômico brasileiro", deixavam de lado o otimismo com o crescimento demográfico da cidade e a confiança nas soluções apresentadas pelo planejamento em relação ao controle urbano e social. Alegando que o crescimento populacional, derivado em grande parte da migração, era o principal fator gerador do déficit habitacional, tornando a situação socialmente explosiva, a prefeitura paulistana implementou uma política de desfavelamento e remoção da população não desejada das áreas centrais e valorizadas. Ou seja, implementou ainda mais o processo de periferização de parcela da população considerada de "baixa renda" e "sem renda".

Por isso, iniciamos a terceira parte do nosso trabalho com as narrativas de Carolina Maria de Jesus em seu livro *Quarto de despejo*. A história de vida de Carolina (mulher, negra, migrante, "mãe solteira" e moradora da favela do Canindé – uma das favelas que a prefeitura procurou destruir no período) expressa bem tanto a trajetória de muitos dos moradores da cidade de São Paulo como a forma pela qual o poder público atuava em relação à população pobre da cidade.

Debatemos, no entanto, que as dificuldades enfrentadas por muitos moradores de São Paulo naquele contexto não decorriam do crescimento demográfico ou da migração enquanto tal, mas do modelo econômico concentrador de riquezas e de exclusão social. A análise da atuação da prefeitura a partir de então demonstrou a direção e os limites das propostas urbanísticas e habitacionais adotadas, assinalando para um processo cada vez maior de exclusão, hierarquização dos espaços e periferização da população pobre sem a infraestrutura social e urbana adequada. Assinalamos que as ações do poder público paulistano quanto à habitação popular foi a de remoção de favelas e de outras formas de habitação não desejada nas áreas valorizadas para as periferias paulistanas cada vez mais distantes. Neste contexto, a Cidade Tiradentes foi um dos lugares indicados pela distância em relação às áreas mais centrais e por causa dos baixos custos de suas terras.

Ponderamos então que as ações do poder público que resultaram também na construção da Cohab-Tiradentes não tinham como principal objetivo resolver a situação de moradia das camadas populares, mas sim de limpeza social e urbana das áreas centrais e valorizadas. Pensamos nisto comparando os números relativos ao déficit habitacional e à quantidade de moradias que foram construídas. Neste contexto, a construção dos conjuntos habitacionais da Cohab-Tiradentes foi marcada pela precariedade presente na qualidade arquitetônica e ambiental de suas edificações.

Porém, assinalamos que não foram unicamente a presença do Estado e a construção da Cohab que conduziram o desenvolvimento urbano e demográfico da Cidade Tiradentes e de outras localidades da cidade. Esta ponderação surgiu comparando o número de moradores existentes naquela localidade com a quantidade de edificações construídas. Além disso, as fotografias de diferentes épocas permitiram ponderar que a população da Cidade Tiradentes também, historicamente, construiu suas habitações através de autoconstruções e loteamentos descritos como "ilegais" e "clandestinos" pela municipalidade.

Analisando as mesmas fotos em diálogo com alguns depoimentos e com a própria documentação oficial do poder público, é possível ponderar que a população daquela subprefeitura, moradora ou não dos conjuntos residenciais, reelabora aquele espaço oferecendo usos diversos e diferenciados. Vivências que constituem costumes e tradições, às vezes subversivas, marginais e não desejadas em relação às perspectivas dos poderes públicos. A população local criou e ainda cria territoriedades que fazem daquele espaço não só um lugar distante das áreas centrais, marcado pela violência, falta de infraestrutura urbano-social, onde predomina a paisagem criada pelos conjuntos residenciais e pelas autoconstruções habitadas pela população de "baixa renda" ou "sem renda".

A Cidade Tiradentes é também um território que possui diferentes territoriedades onde se desenvolvem os sonhos e a realidade de pessoas como Carolina Maria de Jesus (autora de *Quarto de despejo*), Ivone, Cilene Batista dos Santos (moradoras da Cidade Tiradentes) e de Nando, também morador, que afirma no filme *Moro na Tiradentes*: "a gente tem que transformar isso aqui".

Deste modo, concordamos com Bernard Lepetit (2001, p. 148), quando analisa:

> a forma de uma cidade pode mudar mais depressa que o coração dos homens. Renovem as casas, alinhem as ruas, transformem as praças: "As pedras e os materiais não lhe oporão resistência, mas os grupos resistirão, e neles vocês enfrentarão a resistência, senão das pedras, ao menos de suas disposições antigas". Reduzida a uma única sequência cronológica, a evolução permanece simples: os hábitos sociais e os usos são posicionados de modo que parecem durar mais do que as formas; a resistência mudou de lugar.

índices

GRÁFICO

Gráfico 1: Evolução populacional paulistana por década (1940-2000) 122

QUADROS

Quadro 1 – Evolução demográfica da subprefeitura 38
da Cidade Tiradentes

Quadro 2 – Evolução demográfica da subprefeitura 111
da Cidade Tiradentes

Quadro 3 – Caracterização do centro expandido e anéis intermediário 112
e periférico da região metropolitana paulista – 1975

Quadro 4 – Residentes não naturais nos anos de recenseamento geral 123
– município de São Paulo, 1960 a 2000

Quadro 5 – Residentes não naturais, segundo local de nascimentos 124
– município de São Paulo – 1970 a 2000 – em %

MAPAS

Mapa 1 – Distritos e Subdistritos de São Paulo: 1964/1968 29

Mapa 2 – Conjuntos Habitacionais da Cohab na 33
Cidade Tiradentes – 2004

Mapa 3 – Taxas de crescimento populacional – Distritos do município 39
de São Paulo – 2000

Mapa 4 – Subprefeituras do município de São Paulo – 2002 41

Mapa 5 – Exclusão/Inclusão Social - 2002 55

Mapas 6 e 7 – Desenvolvimento urbano da cidade de São Paulo 147

PLANTAS

Planta 1 – Diretrizes de urbanização – 1975/1976 78

Planta 2 – Unidades sanitárias e leitos hospitalares 82
existentes (1969) e projetados (1990)

Planta 3 – Evolução populacional por administrações 106
regionais: 1969-1990

Planta 4 e 5 – Evolução da mancha urbana no município 136
de São Paulo – área edificada

Planta 6 – Fachada de um dos módulos do Conjunto 151
Habitacional Santa Etelvina – Cohab-Cidade Tiradentes

Planta 7 – Fachada interna de um dos módulos do Conjunto 152
Habitacional Santa Etelvina – Cohab-Cidade Tiradentes

Planta 8 – Escadas de um dos módulos do Conjunto 152
Habitacional Santa Etelvina – Cohab-Cidade Tiradentes

bibliografia, fontes e acervos

BIBLIOGRAFIA

Para facilitar a procura da *Bibliografia* e das *Fontes*, em alguns casos os trabalhos citados, por corresponderem à data aqui em estudo, podem ser encontrados nas duas formas de citação. Por exemplo: TESSAROLO, Juliana Moraes. "Notas sobre o planejamento da Grande São Paulo". *Revista de Ciências Políticas e Sociais*, São Paulo, vol. II, n. 2, 1973.

ALMEIDA, Marco Antonio Plácido de. "Indicadores de salubridade ambiental em favelas localizadas em áreas de proteção aos mananciais: o caso da favela Jardim Floresta". *Boletim Técnico da Escola Politécnica da USP*, Departamento de Engenharia de Construção Civil, BT/PCC/264, São Paulo, 2000.

AB'SABER, Aziz. *Padrões históricos de estruturas de ruas e processos de urbanização na cidade de São Paulo*. São Paulo: Condephaat, 1986.

ALVES DE SOUZA, R. S. *Repensando a Arquitetura: uma reflexão sobre a ideologia da produção arquitetônica nacional*. Brasília: Thesaurus, 1985.

AMARAL, Angela de Arruda Camargo. *Habitação, participação popular e cidadania*. Dissertação (mestrado) – Faculdade de Arquitetura e Urbanismo, Universidade de São Paulo, 2001.

ARANTES, Antonio A. "A guerra dos lugares". *Revista do Patrimônio Histórico e Artístico Nacional*. Brasília: Iphan, 1994.

ARANTES, Otília. *Urbanismo em fim de linha e outros estudos sobre o colapso da modernização arquitetônica*. São Paulo: Edusp, 2001.

_____. *O lugar da arquitetura depois dos modernos*. 2ª ed. São Paulo: Edusp, 1995.

ATIQUE, F.; TRAMONTANO, M. *Reflexão sobre o espaço recente da habitação para a população de baixa renda na cidade de São Paulo*. São Carlos: FIPAI-USP/Ghab-USP, 1996.

BASSUL, José Roberto. "Reforma urbana e Estatuto da Cidade". *Scielo*, Santiago, vol. 28, n. 84. Disponível em: <http://www.scielo.br/scielo.php?pid=S0250--71612002000100011&script=sci_arttext>. Acesso em: set. 2002

BAKTHIN, M. A *cultura popular na idade Média e no Renascimento: o contexto de François Rabelais*. São Paulo: Hucitec, 1996.

BENÉVOLO, Leonardo. *As origens da urbanística moderna*. Lisboa: Presença, 1994.

_____. *História da Arquitetura Moderna*. São Paulo: Perspectiva, 1994.

BENJAMIN, Walter. *Rua de mão única*. 1ª ed. São Paulo: Brasiliense, 1987 (Obras escolhidas, vol. 2).

_____. *A modernidade e os modernos*. Rio de Janeiro: Tempo Brasileiro, 1975.

BERQUÓ, E. *Crescimento populacional (histórico e atual) e componentes do crescimento (fecundidade e migrações)*. Cadernos Cebrap – Estudos sobre a População Brasileira. São Paulo: Brasiliense 1973.

BHABHA, Homi. *O local da cultura*. Belo Horizonte: Editorial Minas Gerais, 1998.

BLAY, Eva A. *Eu não tenho onde morar: vilas operárias na cidade de São Paulo*. São Paulo: Nobel, 1978.

BLOCH, Marc. *Introdução à História*. Lisboa: Publicação Europa-América, 1974.

BONDUKI, Nabil G. *Origens da habitação social no Brasil: arquitetura moderna, Lei do Inquilinato e difusão da casa própria*. 2ª ed. São Paulo: Estação Liberdade/Fapesp, 1998.

_____. "Entrevista – Conjunto habitacional, uma utopia que virou ruína". *DiverCidade*, São Paulo, n. 16 (CEM – *Centro de Estudos da Metrópole*). Disponível em: <http:www.centrodametropole.org.br/divercidade/numero16/index.html>. Acesso em: jan./abr. 2008.

_____. *Habitar São Paulo*. São Paulo: Liberdade, 2000.

BOLAFFI, Gabriel. "Habitação e urbanismo: o problema e o falso problema". In: MARICATO, Ermínia. *A produção capitalista da casa (e da cidade) no Brasil industrial*. Rio de Janeiro: Alfa Ômega, 1979.

BOURDIEU, Pierre. *A miséria do mundo*. São Paulo: Vozes, 1997.

_____. *A economia das trocas simbólicas.* São Paulo, 1998.

BOSI, Ecléa. *Memória e sociedade: lembranças de velhos.* São Paulo: Companhia das Letras, 1994.

_____. *Cultura de massa e cultura popular: leituras de operárias.* Petrópolis:Vozes, 1977.

BRESCIANI, Maria Stella. "As sete portas da cidade". *Espaço e Debate*, São Paulo, n. 34 (Cidade e História), 1991.

_____ (org.). *Imagens da cidade: séculos XIX e XX.* São Paulo: Anpuh/Marco Zero/Fapesp, 1993.

_____ (org.). *Palavras da cidade.* Porto Alegre: Editora da UFRGS, 2001.

BRUSCHINI, Maria Cristina. "Uma abordagem sociológica da família". *Revista Brasileira de Estudos de População*, São Paulo, vol. 6, n. 1, jan./jun. 1989.

CALDEIRA, T. P. do R. *Cidade de muros: crime, segregação e cidadania em São Paulo.* São Paulo: Editora 34/Edusp, 2003.

CALVINO, Italo. *As cidades invisíveis.* São Paulo: Companhia das Letras, 1990.

CAMARGO, Cândido Procópio José Ferreira de. *São Paulo 1975 – crescimento e pobreza.* São Paulo: Cebrap/Edições Loyola, 1975.

CANCLINI, Néstor García. *Culturas híbridas estratégicas para entrar e sair da modernidade.* São Paulo: Edusp, 1997.

_____. *Consumidores e cidadãos: conflitos multiculturais da globalização.* 3ª ed. Rio de Janeiro: Editora UFRJ, 1997.

CANEVACCI, M. *A cidade polifônica.* São Paulo: Studio Nobel, 1993.

CARDOSO, F. H.; FALETO, E. *Dependência e desenvolvimento na América Latina.* Rio de Janeiro: Guanabara, 1970.

CARLOS, Ana Fani Alessandri. *Espaço-tempo na metrópole.* São Paulo: Contexto, 2001.

_____ (org.). *Os caminhos da reflexão sobre cidade e o urbano.* São Paulo: Edusp, 1994.

CARPINTÉRO, Marisa Varanda Teixeira. *A construção de um sonho: os engenheiros-arquitetos e a formação da política habitacional no Brasil.* Campinas: Editora Unicamp, 1997.

CASTELLS, Manuel. *A questão urbana.* São Paulo: Paz e Terra, 2000 (Coleção Pensamento Crítico, vol. 48).

CASTRO, Antonio E. *et al. Política urbana: a produção e o consumo da cidade.* Porto Alegre: Mercado Aberto, 1985.

CERTEAU, Michel de. *A invenção do cotidiano.* Petrópolis: Vozes, 1996.

CHAUÍ, Marilena. *Conformismo e resistência: aspecto da cultura popular no Brasil.* 5ª ed. São Paulo: Brasiliense, 1993.

CHOAY, Françoise. *O urbanismo.* São Paulo: Perspectiva, 1979.

_____. "A história e o método em urbanismo". In: BRESCIANI, Stella (org.). *Imagens da cidade – séculos XIX e XX.* São Paulo: Marco Zero/Anpuh/Fapesp, 1994.

_____. "O reino do urbano e a morte da cidade". *Revista Projeto História*, PUC-São Paulo, n. 18 (Espaço e Cultura), maio 1999.

CITIES ALLIANCE – Cities Without Slums. *Integrando os pobres: urbanização e regularização fundiária na cidade de São Paulo.* São Paulo: Cities Alliance, 2004.

CORDEIRO, Simone L. *Moradia popular na cidade de São Paulo (1930-1940): projetos e ambições.* Dissertação (Mestrado em História) – Programa de Estudos de Pós-Graduação da PUC, São Paulo, 2003.

_____. "Origem das habitações populares na cidade". *O Estado de São Paulo* – Cultura e Patrocínio, Caderno 2, São Paulo, 5 mar. 2004.

_____ (org.). *Os cortiços de Santa Ifigênia: sanitarismo e urbanização (1893).* São Paulo: Arquivo Público do Estado/Imprensa Oficial do Estado de São Paulo, 2010.

D'ARAUJO, Maria Celina. "AI-5. O mais duro golpe do regime militar". In: *Site do CPDOC-FGV.* Disponível em: <www.cpdoc.fgv.br/nav_fatos_imagens/htm/fatos/AI5.htm>.

_____. *Democracia e Forças Armadas no Cone Sul.* Rio de Janeiro: Editora FGV, 2000.

DAVIS, Mike. *Planeta Favela.* São Paulo: Boitempo, 2007.

DAVIS, Natalie Zemon. *Culturas do povo.* Rio de Janeiro: Paz e Terra, 1990.

DELORENZO NETO, A. "O aglomerado urbano de São Paulo". *Revista Brasileira de Estudos Políticos*, Belo Horizonte, 1959, p. 111-143.

DÉAK, Csaba; SCHIFFER, Sueli (orgs.). *O processo de urbanização no Brasil.* São Paulo: Edusp, 1999.

DIÊGOLI, Leila Regina. *Desenhos e riscos de São Paulo: a estética dos espaços públicos do centro da capital paulista entre os anos de 1940 e 1960 do século XX.* Tese (doutorado) – Programa de Estudos Pós-Graduados em História, PUC-SP, São Paulo, 2001.

DURHAM, E. *A caminho da cidade: a vila rural e a migração para São Paulo.* São Paulo: Perspectiva, 1973.

FABRIS, Annateresa. *Fotografia: usos e funções no século XIX.* São Paulo: Edusp, 1991.

FARAH, Marta Ferreira. *Estado, previdência social e habitação.* Dissertação (mestrado) – FFLCH-USP, São Paulo, 1983.

FELDMAN, Sarah, *Planejamento e zoneamento – São Paulo: 1947-1972.* São Paulo: Edusp/Fapesp, 2005.

FERRARA, Lucrécia D'Aléssio. *A estratégia dos signos.* São Paulo: Perspectiva, 1986.

_____. *Os significados urbanos.* São Paulo: Edusp/Fapesp, 2000.

FIGUEIREDO, Geórgia Novis. "Industrialização e o espaço habitacional da arquitetura moderna em São Paulo (1930-1964)". In: GITAHY, M. L. C.; PEREIRA, P. C. X. *O complexo industrial da construção e a habitação econômica moderna –1930-1964.* São Carlos/São Paulo: Rima/Fapesp, 2002, p. 35-51.

FIX, Mariana. *Parceiros da exclusão.* São Paulo: Boitempo, 2001.

FOUCAULT, Michel. *Vigiar e punir.* Petrópolis: Vozes, 1983.

FOUCAULT, Michel. *Microfísica do poder.* Rio de Janeiro: Graal, 1981.

FRÚGOLI JR., Heitor. *Centralidade em São Paulo: trajetórias, conflitos e negociações na metrópole.* São Paulo: Cortez/Edusp, 2000.

GITAHY, M. L. C.; PEREIRA, P. C. X. *O complexo industrial da construção e a habitação econômica moderna – 1930-1964.* São Carlos/São Paulo: Rima/Fapesp, 2002.

GEERTZ, Clifford. *A interpretação das culturas.* Rio de Janeiro: Guanabara, 1989.

GINZBURG, Carlo. *O queijo e os vermes: o cotidiano e as idéias de um moleiro perseguido pela Inquisição.* São Paulo: Companhia das Letras, 1989.

GOHN, Maria Glória. *Movimentos sociais e luta pela moradia.* São Paulo: Loyola, 1991.

GOTTDIENER, Mark. *A produção social do espaço urbano.* São Paulo: Edusp, 1997.

GOULART, Nestor. "Sobre a história da urbanização – história urbana". *Espaço & Debates*, São Paulo, n. 34 (Cidade e História), 1991.

GRAHAM, Douglas H.; HOLANDA, Sérgio B. *Migrações internas no Brasil, 1872-1970*. São Paulo: IPE–USP, 1984.

GROSTEIN, Marta Dora. *A cidade clandestina: os ritos e os mitos. O papel da irregularidade na estruturação do espaço no município de São Paulo, 1900-1987*. Tese (doutorado) – FAU–USP, São Paulo, 1987.

_____. "Uma cidade por refazer: a periferia paulistana". *Revista USP*, São Paulo, n. 5, mar./abr./maio 1990.

GROSTEIN, B. G.; ROMÉRO, M. *Ambiente construído e comportamento: a avaliação pós-ocupação e a qualidade ambiental*. São Paulo: Studio Nobel/Fupam, 1995.

GUATTARI, Felix. *Caosmose: um novo paradigma estético*. Rio de Janeiro: Editora 34, 1992.

GUIMARÃES, Alberto Passos. *As classes perigosas: banditismo urbano e rural*. Rio de Janeiro: Graal, 1981.

HALBWACHS, Maurice. *Memória coletiva*. São Paulo: Vértice, 1990.

HERNANDES, Nilson. "Subprefeituras funcionam como administrações regionais". *Nossa São Paulo*. Disponível em: <http://www.nossasaopaulo.org.br/portal/node/2041>. Acesso em: 4 nov. 2008.

JACOBI, Pedro. *Cidade e meio ambiente: percepções e práticas em São Paulo*. São Paulo: Annablume, 1999.

JESUS, Carolina Maria de. *Quarto de despejo: diário de uma favelada*. São Paulo: Livraria Francisco Alves/Editora Paulo de Azevedo, 1960.

KAWAMURA, L. K. *Engenheiro: trabalho e ideologia*. São Paulo: Ática, 1979.

KLIASS, Rosa Grena. *Parques urbanos de São Paulo*. São Paulo: Pini, 1993.

KOWARICK, Lúcio. "Estratégias do planejamento social no Brasil". *Caderno Cebrap*, São Paulo, n. 2, 1970.

_____. *A espoliação urbana*. São Paulo: Paz e Terra, 1979.

_____ (org.). *As lutas sociais e a cidade: São Paulo, passado e presente*. Rio de Janeiro: Paz e Terra, 1994.

KOPP, A. *Quando o moderno não era um estilo, e sim uma causa.* São Paulo: Nobel/Edusp, 1990.

KOSSOY, Boris. *Realidades e ficções na trama fotográfica.* São Paulo: Ateliê Editorial, 1999.

LANGENBUCH, Juergen Richard. *A estruturação da Grande São Paulo.* Rio de Janeiro, 1971.

LANNA, A. L. D. "A cidade controlada: Santos – 1870-1913". In: *Origens das políticas urbanas modernas: Europa e América Latina, empréstimos e traduções.* Rio de Janeiro: IPPUR/UFRJ – CSU/CNRS – ANPUR, 1994.

LEFEBVRE, Henri. *Introdução à modernidade: prelúdios.* Rio de Janeiro: Paz e Terra, 1969a.

_____. *O direito à cidade.* São Paulo: Editora Documentos, 1969b.

LEME, Maria Cristina da Silva (org.). *Urbanismo no Brasil – 1895-1965.* São Paulo: Studio Nobel/FAU-USP/FUPAM, 1999.

LEMOS, Carlos A. C. *A república ensina a morar (melhor).* São Paulo: Hucitec, 1999.

LEMOS, Amália Inês Geraiges de; FRANÇA, Maria Cecília. *Itaquera – Coleção História dos Bairros de São Paulo.* São Paulo: Secretaria de Educação e Cultura – PMSP, 1999.

LEPETIT, Bernard. *Por uma nova história urbana.* São Paulo: Edusp, 2001.

LIBÂNEO, Maria Lúcia Leonardi. *A invenção da cidade de São Paulo.* Dissertação (mestrado) – PUC-SP, São Paulo, 1989.

LINCH, Kevin. *A imagem da cidade.* São Paulo: Martins Fontes, 1999.

MACHADO, Arlindo. *A ilusão especular: introdução à fotografia.* São Paulo: Brasiliense/Funarte, 1984.

MAGALHÃES JR, Manuelito Pereira. "Apresentação". In: SEMPLA – Secretaria Municipal do Planejamento de São Paulo. *Olhar São Paulo – Planejamento e Ação.* São Paulo, 2008. Disponível em: <http://sempla.prefeitura.sp.gov.br/mm/planejamento>. Acesso em 24 jul. 2008.

MAGNANI, José Guilherme C.; TORRES, Lilian de Lucca (orgs.). *Na metrópole: textos de antropologia urbana.* São Paulo: Edusp/Fapesp, 1996.

MARICATO, Ermínia. *Autoconstrução: arquitetura possível.* Reunião Anual da SBPC. Brasília, 1976.

_____. *A produção capitalista da casa (e da cidade) no Brasil Industrial.* Rio de Janeiro: Alfa Ômega, 1979.

_____. *Política habitacional no regime militar: do milagre brasileiro à crise econômica*. Petrópolis: Vozes, 1987.

_____. *Habitação, política urbana, movimento urbano e meio ambiente. Seleção de textos escolhidos*. São Paulo, FAU-USP, 1994.

_____. *Metrópole na periferia do capitalismo*. São Paulo: Hucitec, 1996.

MARQUES, Eduardo Cesar; BICHIR, Renata Mirandola. "Investimentos públicos, infra-estrutura urbana e produção da periferia em São Paulo". *Espaço & Debates*, São Paulo, n. 42, 2001, p. 7-30.

MARQUES, Gabriel. *Ruas e tradições de São Paulo: uma história em cada rua*. São Paulo: Conselho Estadual de Cultura, 1966.

MARTINS, José de Souza. *Subúrbio*. São Paulo: Hucitec, 1992.

_____. *A sociabilidade do homem simples*. São Paulo: Hucitec, 2000.

_____. *Sociologia da fotografia e da imagem*. São Paulo: Contexto, 2008.

MATTEI FAGGIN, C. A. *A evolução do espaço na casa popular: estudo de dois conjuntos habitacionais da Cohab-SP na área metropolitana de São Paulo*. Dissertação (mestrado) – FAU-USP, São Paulo, 1984.

MAUTNER, Yvonne. "A periferia como fronteira de expansão do capital". In: DEÁK, Csaba; SCHIFFER, Sueli Ramos (orgs.). *Processo de urbanização no Brasil*. São Paulo: Edusp, 1999, p. 245-259.

MEYER, Regina Maria Prosperi; GROSTEIN, Marta Dora; BIDERMAN, Ciro. *São Paulo Metropóle*. São Paulo: Edusp/Imesp, 2004.

MUMFORD, Lewis. *A cidade na história: suas origens, transformações e perspectivas*. São Paulo: Martins Fontes, 1998.

NEVES, Margarida de S. "O povo nas ruas: um conto de duas cidades". In: PECHMAN, Robert Moses (org.). *Olhares sobre a cidade*. Rio de Janeiro: Editora UFRJ, 1994.

NÚCLEO DE ESTUDOS REGIONAIS E URBANOS. *Revista Espaço & Debates*, São Paulo, n. 34 – Cidade e História, 1991.

NUNES, Benedito. *O tempo na narrativa*. São Paulo: Ática, 1988.

OLIVEIRA, Maria Coleta F. A. de. "Trabalho, família e condição feminina: considerações sobre a demanda por filhos". *Revista Brasileira de Estudos de População*, São Paulo, vol. 6, n. 1, jan.-jun. 1989.

OLIVEIRA, Lúcia Lippi (org.). *Cidades: história e desafios.* Rio de Janeiro: Editora FGV, 2002.

PARK, R. "Um roteiro de investigação sobre a cidade". In: VELHO, G. (org.). *O fenômeno urbano.* Rio de Janeiro: Zahar, 1987.

PASTERNAK, Suzana; BALTRUSIS, Nelson. *Um olhar sobre a habitação em São Paulo.* Projeto Observatório de Políticas Urbanas e Gestão Municipal – Finep/Habitare, 2001.

PATARRA, Neide P. "Transição demográfica: novas evidências, velhos desafios". *Revista Brasileira de Estudos de População*, São Paulo, vol. 11, n. 1, jan.-jun. 1994.

_____ (Rosana Baeninger e Lúcia M. M. Bógus). "Migração, emprego e projeções demográficas para o Estado de São Paulo: pesquisa regional por amostra domiciliar". *Revista Brasileira de Estudos de População*, São Paulo, vol. 13, n. 1, jan.-jun. 1996.

PECHMAN, Robert Moses. *Cidades estreitamente vigiadas: o detetive e o urbanista.* Rio de Janeiro: Casa da Palavra, 2002.

PEREIRA, Luiz. *Populações marginais.* São Paulo: Duas Cidades, 1978.

PEREIRA, Paulo Cesar Xavier. *Cidade: sobre a importância de novos meios de falar e de pensar as cidades.* Texto Avulso, s/d.

_____. "Metrópole e exclusão: a dinâmica dos processos sócio-espaciais em São Paulo". *Encontros Nacionais da ANPUR.* Recife, 1997.

PEREIRA, R. L.; TRAMONTANO, M. *Habitação contemporânea na cidade de São Paulo: evolução recente de algumas tipologias.* Relatório Final de Iniciação Científica. São Carlos, Nomads/USP/CNPq, 2000.

PERROT, Michelle. *Os excluídos.* Rio de Janeiro: Paz e Terra, 1992.

PICCINI, Andréa. *Cortiços na cidade: conceitos e preconceitos na reestruturação do centro urbano de São Paulo.* São Paulo: Annablume, 1999.

PORTELLI, Alessandro. "A Filosofia e os fatos". *Tempo*, Rio de Janeiro, n. 1, 1996.

RAPOPORT, Amos. *Vivienda y cultura.* Barcelona: Gustavo Gili, 1972.

REIS FILHO, Nestor Goulart. Urbanismo e planejamento no Brasil: 1960-1983. In: Cadernos de pesquisa do LAP, n. 11. São Paulo: FAUUSP, 1996.

REIS FILHO, Nestor Goulart. Habitação Popular no Brasil: 1880-1920. In: Cadernos de Pesquisa do LAP – Revista de Estudos sobre Urbanismo, Arquitetura e Preservação São Paulo: LAP/FAUUSP, 2001.

REIS FILHO, Nestor Goulart. Apropriação do solo urbano e política habitacional. In: Cadernos de Pesquisa do LAP – Revista de Estudos sobre Urbanismo, Arquitetura e Preservação. São Paulo: LAP/FAUUSP, Jul./Ago. 1996.

REIS FILHO, Nestor Goulart. Sobre a História da Urbanização – história urbana. In: Revista Espaço & Debate. 34: Cidade e História. São Paulo: NERU, 1991, p. 15.

REIS, Nestor Goulart. "Sobre a História da Urbanização – história urbana". *Espaço & Debates*, São Paulo, n. 34 (Cidade e História), 1991.

_____. "Urbanismo e planejamento no Brasil: 1960-1983". *Cadernos de pesquisa do LAP – Revista de Estudos sobre Urbanismo, Arquitetura e Preservação*, São Paulo, FAU–USP, n. 11, 1996.

_____. "Apropriação do solo urbano e política habitacional". *adernos de pesquisa do LAP – Revista de Estudos sobre Urbanismo, Arquitetura e Preservação*, São Paulo, FAU–USP, jul./ago. 1996.

_____. "Habitação popular no Brasil: 1880-1920". *adernos de pesquisa do LAP – Revista de Estudos sobre Urbanismo, Arquitetura e Preservação*, São Paulo, FAU–USP, 2001.

Revista USP, São Paulo, n. 5, 1990.

RIBEIRO, I.; RIBEIRI, A. C. (orgs.). *Famílias em processos contemporâneos: inovações culturais na sociedade brasileira*. São Paulo: Loyola, 1975.

RIBEIRO, Luiz César de Queiroz; LAGO, Luciana Corrêa. "Dinâmica metropolitana e os novos padrões de desigualdade social". *São Paulo em Perspectiva – Revista da Fundação SEADE, Questões Urbanas – o sentido das mudanças*, vol. 9, n. 2, abr.-jun. 1995.

RIBEIRO, Luiz César de Queiroz; SANTOS JR., Orlando Alves dos (orgs.). *Globalização, fragmentação e reforma urbana*. Rio de Janeiro: Civilização Brasileira, 1997.

ROLNIK, Raquel. *Cada um no seu lugar*. Dissertação (mestrado) – FAU–USP, São Paulo, 1981.

_____. "Lar, doce lar... A história de uma fórmula arquitetônica". *Revista Arquitetura e Urbanismo*, São Paulo, nov. 1985.

_____. "Planejamento urbano nos anos 90: novas perspectivas para velhos temas". In: RIBEIRO, Luiz César de Queiroz; SANTOS JR., Orlando Alves dos (orgs.). *Globalização, fragmentação e reforma urbana*. Rio de Janeiro: Civilização Brasileira, 1997, p. 351-360.

_____. *A cidade e a lei: legislação, política urbana e territórios na cidade de São Paulo*. São Paulo: Studio Nobel/Fapesp, 1997.

_____. "Lei e política: a construção dos territórios urbanos". *Revista Projeto História*, São Paulo, PUC-SP, n. 18 (Espaço e Cultura), maio 1999.

RONCAYOLO, Marcel. "Cidade". In: *Enciclopédia Einaudi*. Vol. 8. Lisboa: Imprensa Nacional/Casa da Moeda, 1986.

ROSO, Jaime Vita. *A gestão democrática de São Paulo: da utopia ao sonho realizado*. Disponível em: <http://www.mundojuridico.adv.br>. Acesso em: 12 dez. 2008.

SACHS, Céline. "Novas necessidades do planejamento nos países subdsenvolvidos". *Anais do Encontro: Cotidiano, Cultura Popular e Planejamento Urbano*. São Paulo, USP, 1985.

_____. *São Paulo: políticas públicas e habitação popular*. São Paulo: Edusp, 1999.

SAMPAIO, Maria Ruth Amaral de. "O papel da iniciativa privada na formação da periferia paulistana". *Espaço & Debates*, São Paulo, n. 37, 1981.

_____ (org.). *A promoção privada de habitação econômica e a arquitetura moderna – 1930-1964*. São Carlos/São Paulo: Rima/Fapesp, 2002.

SANT'ANNA, Denise Bernuzzi. "A conquista da água". *Revista Projeto História*, São Paulo, PUC-SP, n. 18 (Espaço e Cultura), maio 1999.

_____. *Corpos de passagem*. São Paulo: Estação Liberdade, 2001.

SANTOS, Carlos José F. *Nem tudo era italiano: São Paulo e pobreza (1890-1915)*. São Paulo: Annablume/Fapesp, 1998.

SANTOS, Milton. *Pensando o espaço do homem*. São Paulo: Hucitec, 1991.

_____. *O espaço do cidadão*. São Paulo: Nobel, 1996.

SANTOS, Cláudio Hamilton M. *Políticas federais de habitação no Brasil: 1964/1998*. Brasília: Instituto de Pesquisa Econômica Aplicada – IPEA, 1999.

SAULE JR., Nelson (org.). *Direito à cidade: trilhas legais para o direito às cidades sustentáveis*. São Paulo: Max Limonad/Instituto Pólis, 1999.

SECRETARIA MUNICIPAL DE CULTURA DE SÃO PAULO. *O direito à memória: patrimônio histórico e cidadania*. São Paulo: DPH, 1992.

SEGAWA, Hugo. *Arquiteturas no Brasil – 1900-1990*. São Paulo: Edusp, 1998.

SHIMBO, Lúcia Zanin. "A contribuição dos engenheiros do Instituto de Engenharia de São Paulo para a habitação social". In: GITAHY, M. L. C. & PEREIRA, P. C. X. *O complexo industrial da construção e a habitação econômica moderna – 1930-1964*. São Carlos/São Paulo: Rima/Fapesp, 2002, p. 127-141.

SILVA, Marcio Rufino Silva. *"Mares de prédios" e "mares de gente": território e urbanização crítica em Cidade Tiradentes*. Dissertação (mestrado) – Departamento de Geografia, FFLCH-USP, São Paulo, 2008.

SINGER, Paul. "Implicações econômicas e sociais da dinâmica populacional brasileira". *Cadernos Cebrap*, São Paulo, n. 20, 1971.

_____. *Economia política da urbanização*. São Paulo: Brasiliense, 1975.

SLOMIANSKY, Adriana. *Cidade Tiradentes – a abordagem do poder público na construção da cidade: conjuntos habitacionais de interesse social da Cohab-SP (1965-1999)*. Tese (doutorado) – FAU-USP, São Paulo, 2003.

SNOW, David. *Desafortunados: um estudo do povo da rua*. São Paulo: Vozes, 1998.

SOMMER, R. *Espaço pessoal*. São Paulo: Pedagógica e Universitária/Edusp, 1978.

SOUZA, A. G. (org.). *Habitar contemporâneo: novas questões no Brasil dos anos 90*. Salvador: UFBA, FA-UFBA, LAB Habitar, 1997.

SOUZA, João Carlos de. *Na luta por habitação: a construção de novos valores*. São Paulo: Educ, 1995.

SPOSATI, Aldaíza (org.). *Mapa da exclusão/inclusão social da cidade de São Paulo/2000*. São Paulo: PUC-SP/Instituto Pólis/INPE, 2000.

STAM, Gilberto. "Cidade Tiradentes é tema de pesquisa e filme documentário". Centro de Estudos da Metrópole – CEM. *DiverCidade*, São Paulo, n. 16. Disponível em: <http://www.centrodametropole.org.br/divercidade/numero16/index.html>. Acesso em: jan.--abr. 2008.

STAM, Gilberto; DESIDÉRIO, Mariana; VENANCIO, Rafael D. O.; SCHLEGE, Rogerio. "Conjunto habitacional, uma utopia que virou ruína". Centro de Estudos da Metrópole – CEM. *DiverCidade*, São Paulo, n. 16. Disponível em: <http://www.centrodametropole.org.br/divercidade/numero16/index.html>. Acesso em: jan.-abr. 2008.

SZMRECSANYI, Maria Irene de Q. F.; SCHERER, Rebeca. "Introdução". *Anais do Encontro: Cotidiano, Cultura Popular e Planejamento Urbano*. São Paulo, USP, 1985.

TASCHNER, Suzana Pasternak. *Favelas do município de São Paulo: a luta pelo espaço*. Petrópolis: Vozes, 1976.

_____. "Habitação e demografia infra-urbana em São Paulo". *Revista Brasileira de Estudos de População*, São Paulo, vol. 7, n. 1, jan./jun. 1990.

_____. "Política habitacional no Brasil: retrospectivas e perspectivas". *Cadernos de pesquisa do LAP – Revista de Estudos sobre Urbanismo, Arquitetura e Preservação*, São Paulo, FAU-USP, 1997.

TAUNAY, Afonso E. de. *IV Centenário da Fundação da Cidade de São Paulo*. São Paulo: Gráfica Municipal da Cidade de São Paulo, 1954.

TEIXEIRA, Ana Claudia; TATAGIBA, Luciana. "Movimentos sociais: os desafios da participação – Caderno 25". *Cadernos do Observatório dos Direitos do Cidadão*. São Paulo: Observatório dos Direitos do Cidadão/PUC-SP/Instituto Polis, out. 2005.

TELLES, Vera da Silva; CABANES, Robert (org.). *Nas tramas da cidade: trajetórias urbanas e seus territórios*. São Paulo: Humanitas, 2006.

TESSAOROLO, Juliana Moraes. "Notas sobre o planejamento da Grande São Paulo". *Revista de Ciências Políticas e Sociais*, São Paulo, vol. II, n. 2, 1973.

THOMPSON, E. P. *Costumes em comum*. São Paulo: Companhia das Letras, 1998.

TRAMONTANO, M. *Espaços domésticos flexíveis: notas sobre a produção da "primeira geração de modernistas brasileiros"*. São Paulo: FAU-USP, 1993.

_____. *Novos modos de vida, novos espaços de morar*. São Carlos: EESC-USP, 1993.

_____."O espaço da habitação social no Brasil: possíveis critérios de um necessário redesenho". Texto apresentado ao VII Seminário de Arquitetura Latino-americana. São Carlos/São Paulo, EESC-USP/FAU-USP, 1995.

VALLE, Edênio et al. *A cultura do povo*. São Paulo: Cortez, 1984.

VILLAÇA, Flávio. *O que todo cidadão precisa saber sobre habitação*. São Paulo: Global, 1986.

_____. "A crise do planejamento urbano". *São Paulo em perspectiva*. São Paulo, Fundação Seade, vol. 9, n. 2, 1995.

_____. *Espaço intra-urbano no Brasil*. São Paulo: Studio Nobel/Fapesp, 1998.

_____. "Uma contribuição para a história do planejamento urbano no Brasil". In: DÉAK, Csaba; SCHIFFER, Sueli (orgs.). *O processo de urbanização no Brasil*. São Paulo: Edusp, 1999, p. 169-243.

VIRILO, Paul. *O espaço crítico: as perspectivas do tempo real*. Rio de Janeiro: Editora 34, 1984.

_____. "A cidade superexposta". *Espaço & Debates*, São Paulo, n. 33 (Temporalidades), 1991.

WACQUANT, Loïc. *Os condenados da cidade: estudo sobre marginalidade avançada*. Rio de Janeiro: Revan, 2001.

WEFFORT, F. *O populismo na política brasileira*. Rio de Janeiro: Paz e Terra, 1989.

WHITAKER, João; MARICATO, Ermínia. "Estatuto da cidade: essa lei vai pegar?". *Correio da Cidadania*, São Paulo, n. 272, jul. 2001, p. 7-14.

WILHEIM, Jorge. *São Paulo metrópole 65: subsídios para seu plano diretor*. São Paulo: Difusão Européia do Livro, 1965.

_____. *Projeto São Paulo: propostas para a melhoria da vida urbana*. Rio de Janeiro: Paz e Terra, 1982.

WILLIAMS, Raymond. *Cultura e sociedade*. São Paulo: Companhia Editora Nacional, 1969.

ZEVI, B. *Saber ver a Arquitetura*. 5ª ed. São Paulo: Martins Fontes, 1998.

Fontes Escritas

Para facilitar a procura das fontes, em alguns casos elas encontram-se em duas formas de citação. Por exemplo: o Plano Urbanístico Básico de São Paulo – PUB – pode ser encontrado em *Fontes Escritas* e *Fontes: Planejamento*. Nosso objetivo é facilitar a leitura do presente trabalho.

ASSOCIAÇÃO BRASILEIRA DE ESTUDOS POPULACIONAIS. *Censos, Consensos e Contra-Sensos.* III *Seminário Metodológico dos Censos Demográficos.* Ouro Preto: Associação Brasileira de Estudos Populacionais. jun. 1984.

Associação Internacional de Administradores Municipais. *Planejamento Urbano.* Rio de Janeiro: FGV/USAID, 1965.

AZEVEDO, Eurico de Andrade. "Direito de Propriedade e Planejamento Urbano". *Revista SPAM,* São Paulo, vol. 1, n. 1, abr. 1980, p. 37-43.

BOMTEMPI, Silvio. *São Miguel Paulista – Coleção: História dos Bairros de São Paulo.* São Paulo: Secretaria de Educação e Cultura – PMSP, 1970.

_____. *Penha de França – Coleção: História dos Bairros de São Paulo.* São Paulo: Secretaria de Educação e Cultura – PMSP, 1969.

BRASÍLIA. *Plano Nacional de Habitação Popular – PLANHAP,* criado pelo Governo Federal para ditar a política nacional de habitação,1973.

CÂMARA MUNICIPAL (Gabinete do Vereador Nabil Bonduki). São Paulo. *Plano Diretor Estratégico: Cartilha de Formação.* São Paulo: Câmara Municipal/Caixa Econômica Federal, jul./2004.

CAMPO FILHO, Cândido Malta. "Por uma Nova Política Urbana para as Grandes Cidades Brasileiras". *Revista SPAM,* São Paulo, vol. 1, n. 2. ago. 1980, p. 3-10.

CAMARGO, Cândido Procópio José Ferreira de. *São Paulo 1975 – crescimento e pobreza.* São Paulo: Cebrap/Edições Loyola, 1975.

Cartório de Registro de Imóveis (9º). "Livro n. 8 – G, Registro 173, Página 192". São Paulo, 19 de dezembro de 1972.

CARDOSO, Adauto Lucio. *Balanço da política municipal de Habitação 2001-2003 – Caderno do Observatório dos Direitos do Cidadão: acompanhamento e análise das políticas públicas da cidade de São Paulo*, n. 21. São Paulo: Instituto Polis/Instituto de Estudos Especiais da PUC-SP, 2004, p. 23. Disponível em: <http://polis.org.br/obras/arquivo_141.pdf>.

CEM/CEBRAP & SEHAB – Centro de Estudo da Metrópole/Centro Brasileiro de Análise e Planejamento & Secretaria de Habitação e Desenvolvimento Urbano de São Paulo. "Base cartográfica digital das favelas do Município de São Paulo" – CD-ROM. São Paulo, 2003. Disponível em: <http://www.centrodametropole.org.br/base_cart.html>. Acesso em: 20 abr. 2008.

Companhia Metropolitana de Habitação de São Paulo – Cohab. *Memorial descritivo apresentado à Prefeitura Municipal de São Paulo*, 12 de agosto de 1971.

_____. *Projeto de Edificação – Plantas, Fachadas e Detalhes,* apresentado à Prefeitura Municipal de São Paulo em 7 de agosto de 1972.

_____. *Análise do conjunto de Sapopemba*. São Paulo, 1970 (mimeo).

_____. *Característica sócio-econômica da população cohabense*. São Paulo, 1969 (mimeo).

_____. *Loteamentos irregulares – proposta de intervenção*. São Paulo, s/d.

_____. *Política e proposta de ação*. São Paulo, 1975 (mimeo).

_____. *Programa de superintendência de operação social da Cohab-SP.* São Paulo, 1975.

_____. *Programa Viver Melhor – Cohab – SP.* São Paulo, 2000.

Digesto Econômico – Revista da Associação Comercial e da Federação do Comércio do Estado de São Paulo. São Paulo, 1960/1970.

Diário Popular. "Guerra às Favelinhas". São Paulo, 16 jan. 1972, capa.

_____. "Prefeitura enfrenta surto de favelinhas". São Paulo, 16 jan. 1972, p. 3.

Emplasa – Empresa Metropolitana de Planejamento da Grande São Paulo – e Secretaria de Estado dos Negócios Metropolitanos. *O Desafio Metropolitano*. São Paulo, 1975.

Emplasa – Empresa Metropolitana de Planejamento da Grande São Paulo. *Memória Urbana: a Grande São Paulo até 1940* – Vol. 2. São Paulo: Arquivo do Estado/Imprensa Oficial, 2001.

_____. *Reconstituição da Memória Estatística da Grande São Paulo*. São Paulo: Secretaria dos Negócios Metropolitanos/Gráfica Conselheiro, 1980. Disponível em: <http://www.emplasa.sp.gov.br/>. Acesso em: 18 nov. 2003.

Finep – Financiadora de Estudos e Projetos. *Habitação Popular: Inventário da Ação Governamental*. São Paulo, 1985.

Fipe – Fundação Instituto de Pesquisas Econômicas. *Cortiços na cidade de São Paulo*. São Paulo, 1994.

_____. *Pesquisas identificam perfil dos moradores de rua de SP*. São Paulo, 15 maio 2007.

FLM – Frente de Luta por Moradia. *Boletim Informativo da* FLM. São Paulo, maio 2008.

Folha de São Paulo. São Paulo, 1960-1970.

_____. "Operação Limpeza". São Paulo, 1° ago. 2000. Disponível em: <http://www1.folha.uol.com.br/fsp/cotidian/ff0108200029.htm>.

FÓRUM CENTRO VIVO. *Violações dos Direitos Humanos no Cento de São Paulo*. São Paulo, 2006.

FUNDAÇÃO JOÃO PINHEIRO – Centro de Estatística e Informações. *Déficit Habitacional no Brasil – municípios selecionados e microrregiões geográficas*. 2ª ed. Belo Horizonte, 2005. Disponível em: <http://www.cidades.gov.br/secretarias-nacionais/secretaria-de-habitacao/biblioteca/publicacoes-e-artigos/deficit-habitacional-no-brasil-2005/Deficit2005.pdf>. Acesso em: 22 maio 2009.

GEGRAN – Grupo Executivo da Grande São Paulo, da Secretaria de Economia e Planejamento do Governo – Estado de São Paulo. *Plantas 2 – Evolução da Mancha Urbana Município de São Paulo – Área Edificada: 1972*. São Paulo: Levantamento Vasp-Cruzeiro/Prospec-Geofoto-Aeromapa, 1972.

IBGE – Instituto Brasileiro de Geografia e Estatística. *Censo Demográfico*. Rio de Janeiro, 1960, 1970, 1980 e 1991.

_____. *Estatísticas e levantamentos de dados sobre domicílios e seus moradores na cidade de São Paulo*. PNAD, 1993, Região Metropolitana. Disponível em: <http://www.ibge.gov.br/>. Acesso em: 20 jun. 2008.

JESUS, Carolina Maria de. *Quarto de despejo – diário de uma favelada*. São Paulo: Livraria Francisco Alves/Editora Paulo de Azevedo, 1960.

JUNQUEIRA, Sonia Maria de Mel *et al.* "Urbanização na Grande São Paulo – Contribuição da Lei de Parcelamento do Solo". *Revista SPAM*, São Paulo, vol. 2, n. 6, jul. 1981, p. 35-48.

LANGENBUCH, Juergen Richard. *A estruturação da Grande São Paulo.* Rio de Janeiro, 1971.

LUME e SEDU – Laboratório de Urbanismo da Metrópole e Secretaria Especial de Desenvolvimento Urbano da Presidência da República. *Política Urbana Metropolitana.* São Paulo: FAU-USP/Fupam, 2001.

MARTINS, Juca. *Acervo fotográfico.* Disponível em: <http://www.jucamartins.com/>.

MULLER, Nice Lecocq. "Hierarquia urbana e espaços polarizados: o exemplo de São Paulo". *Revista SPAM*, São Paulo, vol. 3, n. 14, jun. 1985, p. 4-11.

OESP – *O Estado de São Paulo.* "São Paulo de 1990 vai ser assim: a pá e a rosa, símbolo da nova cidade que está crescendo, mais racional e mais humana". São Paulo, 13 dez. 1968, p. 15.

_____. "Mil casas para favelados em São Paulo". São Paulo, 13 jan. 1972, p. 22.

_____. São Paulo, 26 jun. 1979.

_____. "E o mundo vira uma megalópole". São Paulo, 17 jun. 2006.

PMSP – Prefeitura Municipal de São Paulo. "Programa Viver Melhor será lançado na festa de 23 anos da Cohab Itaquera I". São Paulo, dez./2001. Disponível em: <http://www.prefeitura.sp.gov.br/noticias/anteriores/2001/dezembro/noticias_14120108.asp>. Acesso em 5 jul. 2008.

_____. "Programa Viver Melhor – Cohab – SP". In: STRAZDAS, Júlia & PAULA JR., Mauro P. de. *Programa Viver Melhor – Cohab – SP.* São Paulo: USP – Departamento de Construção Civil, ago. 2003.

_____. *Desfavelamento do Canindé.* São Paulo, 1962.

_____. *São Paulo, a cidade, o habitante, a administração: 1975-1979.* Apresentação de Olavo Egydio Setúbal. São Paulo, 1979.

_____. "Expresso Tiradentes ganha mais 2,8 km e avança rumo a Cidade Tiradentes". Disponível em: <http://www.prefeitura.sp.gov.br/portal/a_cidade/noticias/index.php?p=28646>. Acesso em: 11 mar. 2009

Processo Administrativo n. 37.548/1971. Prefeitura Municipal de São Paulo, 4 de novembro de 1971.

Revista Construção. "Arquitetos: IX Congresso aponta novos caminhos". São Paulo, ano XXX, n. 1556, 15 nov. 1976.

_____."Registro". São Paulo, ano XXX, n. 1556, 15 nov. 1976.

_____."As Regionais, os empreiteiros e a conservação da cidade". São Paulo, ano XXX, n. 1532, 20 jun. 1977.

_____."Alvenaria estrutural: as contribuições técnicas do Seminário". São Paulo, ano XXX, n. 1533, 27 jun. 1977.

_____. "Cohabs debatem atuação e sistemas não convencionais". São Paulo, ano XXX, n. 1556, 5 dez. 1977.

_____."No encontro, as novas diretrizes de ação do BNH". São Paulo, ano XXX, n. 1558, 19 dez. 1977.

_____."Alvenaria estrutural: continuam os debates técnicos". São Paulo, ano XXX, n. 1567, 20 fev. 1978.

_____."Parcelamento do Solo – Em vigor a nova lei. Como fica a cidade?". São Paulo, ano XXXV, n. 1775, 15 fev. 1982.

SAMPAIO, Theodoro. "São Paulo no século XIX". *Suplemento Centenário* n. 23, *O Estado de São Paulo*, 1975.

SANTOS, Carlos Nelson Ferreira dos. "Pesquisa e uso do solo e lazer no Bairro do Catumbi, Rio de Janeiro". *Revista SPAM*, São Paulo, vol. 2, n. 7, out. 1981, p. 3-12.

SÃO PAULO. Governo do Estado de São Paulo. *Plano Metropolitano de Desenvolvimento Integrado – PMDI*. São Paulo: Asplan S.A./Grupo de Planejamento Integrado S.A./Neves & Paoliello S/C Ltda., 1970.

_____. PUB – *Plano Urbanístico Básico*. São Paulo: Prefeitura do Município de São Paulo, mar. 1969

SCHROEDER, Renato. "V de voraz – Mancha urbana de São Paulo cresce". *Revista da Folha – Morar*, São Paulo, 28 set. 2007, p. 36.

SEADE – Fundação Sistema Estadual de Análise de Dados. *Mapa – Densidade Demográfica por Distritos do Município de São Paulo – 2000.* São Paulo, 2000. Disponível em: <http://www.seade.gov.br/ivj/>. Acesso em: 27 abr. 2008.

SEBES – Secretaria do Bem-Estar Social – Departamento de Habitação e Trabalho. *Projeto mutirão alternativo, auto-ajuda. São Paulo.* São Paulo, 1972 (mimeo).

SECRETARIA DE AGRICULTURA DO ESTADO DE SÃO PAULO. *Plantas 1 – Evolução da Mancha Urbana Município de São Paulo – Área Edificada: 1962.* São Paulo: Levantamento Aerofoto Natividade Ltda., 1962 (In: Acervo/CESAD-FAU-USP).

_____. *Plantas 1 – Evolução da Mancha Urbana Município de São Paulo – Área Edificada: 1962.* São Paulo: Levantamento Aerofoto Natividade Ltda., 1962.

SECRETARIA DE ECONOMIA E PLANEJAMENTO DO ESTADO DE SÃO PAULO, Coordenadoria de Planejamento – Governo do Estado de São Paulo. *Construção de moradias na periferia de São Paulo: aspectos sócio-econômicos e institucionais.* São Paulo, 1979.

_____. Coordenadoria de Planejamento – Governo do Estado de São Paulo. *Política Habitacional do Estado de São Paulo.* São Paulo: Coordenadoria de Planejamento da Secretaria de Economia e Planejamento em conjunto com a Secretaria dos Negócios Metropolitanos, Secretaria dos Negócios do Interior e Secretaria da Agricultura, Ciência e Tecnologia do Estado de São Paulo, 1976.

SECRETARIA DOS NEGÓCIOS METOPOLITANOS. *Estudo de viabilização de experiências de construção de moradias econômicas.* São Paulo: Emplasa, 1976.

_____. *Programa de mutirão e autoconstrução para a região metropolitana da Grande São Paulo.* São Paulo: Emplasa, 1977.

SEP/Emplasa/Urplan-USP – Secretaria de Economia e Planejamento do Estado de São Paulo – SEP –, Coordenadoria de Planejamento e Avaliação, Empresa Metropolitana de Planejamento da Grande São Paulo – Emplasa – e Instituto de Planejamento Regional e Urbano da Universidade de São Paulo – Urplan-USP. *Construção de moradias na periferia de São Paulo: aspectos sócio-econômicos e institucionais.* São Paulo: Governo do Estado de São Paulo, 1979.

Sociologia – Revista Didática e Científica – Publicação da Escola de Sociologia e Política de São Paulo. São Paulo, 1960-1970.

SPINELLI, Evandro. "Expresso Tiradentes substitui metrô". *Folha de São Paulo*, São Paulo, 24 ago. 2008. Disponível em: <http://www1.folha.uol.com.br/fsp/especial/fj2408200825. htm>. Acesso em: 24 ago. 2008.

TESSAROLLO, Juliana Moraes. "Notas sobre o planejamento da Grande São Paulo". *Revista de Ciências Políticas e Sociais*, São Paulo, vol. II, n. 2, 1973.

Veja. "Vila Fantasma – Conjunto habitacional perdido na selva". São Paulo, 26 out. 1983, p. 72

Visão. "BNH em tempo de correção". São Paulo, 29 jan. 1973, p. 43-49.

VIVEIROS, MARIANA; MENA, FERNANDA; CARDOSO, CÍNTIA. "Regiões com os indicadores sociais mais precários são as que têm o maior percentual de moradores com até 15 anos. Jovens se concentram nas piores áreas de SP. *Jornal Folha de São Paulo*, 20 ago. 2004. Disponível: <http://www1.folha.uol.com.br/fsp/cotidian/ff2008200415.htm>. Acesso em: 21 fev. 2009.

FONTES DEMOGRÁFICAS E ESTATÍSTICAS

PMSC – Prefeitura Municipal de São Caetano. Disponível em: <http://www.saocaetanodosul. sp.gov.br/>. Acesso em: 20 jun. 2008.

PMSP – Prefeitura Municipal da Cidade de São Paulo. São Paulo: Disponível em: <http://portal.prefeitura.sp.gov.br/>. Acesso em: 18 maio 2009.

SEADE – Fundação Sistema Estadual de Análise de Dados. *Taxas de Crescimento Populacional – Distritos do Município de São Paulo – 2000/2008.* São Paulo, 2008. Disponível em: <http://www.seade.gov.br/master.php?opt=abr_not&nota=1029>. Acesso em: 18 mar. 2009.

SEMPLA/DIPRO – Secretaria Municipal do Planejamento de São Paulo. "Distribuição das Favelas no Município de São Paulo, Subprefeituras e Distritos Municipais – 2008". *Infocidade,*

São Paulo, 2008. Disponível em: <http://sempla.prefeitura.sp.gov.br/infocidade/>. Acesso em 2 abr. 2009.

_____. "Estimativas de População e Domicílios em Favelas – Município de São Paulo, Subprefeituras e Distritos Municipais – 2000". *Infocidade*, São Paulo, 2008. Disponível em: <http://sempla.prefeitura.sp.gov.br/infocidade/>. Acesso em: 18 mar. 2009.

_____. "Estimativas de População e Domicílios em Favelas – Município de São Paulo – 1987, 1991, 2000 e 2008". *Infocidade*, São Paulo, 2008. Disponível em: <http://sempla.prefeitura.sp.gov.br/infocidade/>. Acesso em: 24 mar. 2008.

_____. "Estimativas de População – Município de São Paulo – Subprefeitura e Distrito Cidade Tiradentes". *Infocidade*, São Paulo, 2008. Disponível em: <http://sempla.prefeitura.sp.gov.br/infocidade/>. Acesso em: 21 jul. 2008.

SEHAB/HABI – Secretaria de Habitação e Desenvolvimento Urbano de São Paulo. "Listagem de Favelas do Município de São Paulo – SEHAB/ HABI – 2008". *Infocidade*, São Paulo, 2008. Disponível em: <http://sempla.prefeitura.sp.gov.br/infocidade/>. Acesso em: 20 abr. 2008.

SEMPLA – Secretaria Municipal do Planejamento de São Paulo. *Olhar São Paulo – Planejamento e Ação*. São Paulo, 2008. Disponível em: <http://sempla.prefeitura.sp.gov.br/mm/planejamento/>. Acesso em: 2 abr. 2009.

_____. *Olhar São Paulo – Contrastes Urbanos*. São Paulo, 2008. Disponível em: <http://sempla.prefeitura.sp.gov.br/olhar/>. Acesso em: 11 maio 2008.

_____. *Infocidade*. São Paulo, 2008.

SUBPREFEITURA DA CIDADE TIRADENTES. São Paulo. Disponível em: <http://portal.prefeitura.sp.gov.br/subprefeituras/spct>. Acesso em: 22 jun. 2008.

Fontes: Mapas e Plantas

Secretaria de Economia e Planejamento do Governo do Estado de São Paulo. *Mapa – Distritos e Subdistritos de São Paulo: 1964/1968*.

SEMPLA – Secretaria Municipal do Planejamento de São Paulo e SIS – Secretaria de Implementação da Subprefeitura de São Paulo. *Mapa – Subprefeituras do Município de São Paulo: 2002 – Grupo de Articulação para Elaboração dos Planos Diretores*. São Paulo, 22 jul. 2002.

SEMPLA/DIPRO – Secretaria Municipal do Planejamento e Departamento de Estatística e Produção de Informação de São Paulo. *Município em Mapas: cultura e território*. São Paulo, 2007.

_____. *Município em Mapas: índices sociais*. São Paulo, 2007.

_____. *Mapa da Exclusão/Inclusão Social: Distritos do Município de São Paulo – 2002*. São Paulo, 2002.

SEHAB/Cohab – Secretaria de Habitação e Desenvolvimento Urbano de São Paulo/ Companhia Metropolitana de Habitação de São Paulo. "Prefeitura faz mapa digital inédito das favelas de São Paulo". *Jornal HabitaSampa*, São Paulo, ano 2, n. 2, abr. 2003.

FONTES FOTOGRÁFICAS

Arquivo Público do Estado de São Paulo. *Fotografias sobre moradia na zona leste de São Paulo – Acervo Iconográfico do Arquivo Público do Estado de São Paulo*.

CORDEIRO, Simone Lucena. *Cidade Tiradentes: territórios, sujeitos e cotidiano*. São Paulo: Acervo Particular, 2007-2008.

LUME – Laboratório de Urbanismo da Metrópole. *Base de Dados Georreferenciados*. São Paulo, 2001.

_____. *Base de Dados Georreferenciados*. São Paulo, 2002.

_____. *Base Aerofotogrametria*. São Paulo, 2004.

OPPIDO, Gal. *São Paulo. 2000*. São Paulo: São Paulo Imagem Data, 1999.

Fontes: Filmes

GERVAISEAU, Henri; MESQUITA, Cláudia. *Moro na Tiradentes.* São Paulo, Centro de Estudos da Metrópole – CEM, 2008.

Fontes: Legislação (federal, estadual e municipal)

BRASIL. *Constituição de 1967.* Constituição promulgada, pelas Mesas das Casas do Congresso Nacional e entrará em vigor no dia 15 de março de 1967 (a constituição de 1967 não inovou em matéria previdenciária em relação à Constituição de 1946).

_____. *Constituição de 1988.* Promulgada em 5 de outubro de 1988, tendo todo um capítulo que trata da seguridade social (art. 194 a 204). Com advento da Lei n. 8.029, de 12 de abril de 1990, e do Decreto n. 99.350, de 27 de junho de 1990, foi criado o INSS – Instituto de seguridade Nacional de Seguro Social, autarquia federal vinculada ao ministério do trabalho e Previdência Social com o INPS – Instituto Nacional da Previdência Social.

_____. *Lei n. 58, de 10 de dezembro de 1937.* Dispõe sobre loteamento e a venda de terrenos para pagamento em prestações.

_____. *Lei n. 3.200, de 19 de abril de 1941.* Dispõe sobre a organização e proteção da família.

_____. *Lei n. 4.805, de 29 de setembro de 1955.* Divide a cidade em zonas exclusivamente residenciais, predominantemente residenciais, mistas e fabris – regulamentada pelo decreto 3.962, de 26 de agosto de 1958, que define perímetros.

_____. *Lei n. 6.969, de 10 de dezembro de 1981*, dispõe sobre a aquisição por usucapião especial, de imóveis, de imóveis rurais, altera a redação do § 2º do art. 589 do Código Civil.

_____. *Lei n. 5.107, de 1966*, cria o Fundo de Garantia por Tempo de Serviço.

_____. Plano Nacional de Habitação Popular – PLANHAP, 1973.

_____. *Lei n. 4.380, de 21 de agosto de 1964.* Criando o Banco Nacional da Habitação-BNH, as Sociedades de Crédito Imobiliário, as Letras Imobiliárias, o Serviço Federal de

Habitação e Urbanismo-SERFHAU e instituindo a correção monetária nos contratos imobiliários de interesse social e o sistema financeiro para aquisição da casa própria.

_____. *Lei n. 4.591, de 16 de dezembro de 1964.* Dispõe sobre condomínio em edificações e as incorporações imobiliárias.

_____. *Lei n. 70, de 21 de novembro de 1966.* Autoriza o funcionamento de associações de poupanças e empréstimos e institui a cédula hipotecária.

_____. *Lei n. 271 de 28 de fevereiro de 1967.* Dispõe sobre loteamento urbano, responsabilidade do loteador, concessão de uso do espaço aéreo.

_____. *Lei n. 6.629, de 16 de abril de 1979.* Estabelece normas para comprovação de residência, quando exigida por autoridade pública para a expedição de documento.

_____. *Lei n. 6.766, de 19 de dezembro de 1979.* Dispõe sobre o parcelamento do solo urbano e dá outras providências.

_____. *Lei n. 8.245, de 18 de outubro de 1991,* dispõe sobre as locações dos imóveis urbanos e os procedimentos a elas pertinentes.

_____. *Lei n. 8.692, de 28 de julho de 1993.* Define planos de reajustamento dos encargos mensais e dos saldos devedores nos contratos de financiamentos habitacionais no âmbito do Sistema Financeiro da Habitação e dá outras providências.

SÃO PAULO. *Decreto-lei n. 3.079, de 15 de setembro de 1938.* Regulamenta o decreto-lei n. 58 de 10 de dezembro de 1937, que dispõe sobre o loteamento e a venda de terrenos para pagamento de prestação

_____. *Lei Orgânica Municipal, de 4 de abril de 1990.* Organiza o exercício do poder e fortalecer as instituições democráticas e os direitos da pessoa humana no município de São Paulo.

_____. *Lei Municipal n. 6.738, 16 de novembro de 1965.* Cria a Companhia Metropolitana de Habitação – Cohab, 16 de novembro de 1965.

_____. *Lei Municipal n. 7.668, de 1971.* Promulga o novo Plano Diretor de Desenvolvimento Integrado – PDDI do município de São Paulo, 1971.

_____. *Lei n. 7.805, de 1º de novembro de 1972.* Dispõe sobre a divisão do Território do Município em zonas de uso e regulam o parcelamento, uso e ocupação do solo, 1º de novembro de 1972.

_____. *Lei n. 8.001, de 28 de dezembro de 1973*. Dispõe sobre a divisão do Território do Município em zonas de uso e regulam o parcelamento, uso e ocupação do solo, 28 de dezembro de 1973.

_____. *Decreto Lei n. 9, de 31 de dezembro de 1969*. Lei Orgânica dos Municípios do Estado de São Paulo.

_____. *Lei Municipal n. 9.413, de 30 de dezembro de 1981*. Dispõe sobre parcelamento do solo no município de São Paulo, definindo os conceitos de gleba, loteamento, desmembramento, lote e quadra, de 30 de dezembro de 1981.

_____. *Lei Municipal n. 8.266, de 20 de junho de 1975*, tratando do código de obras e edificações no município de São Paulo;

_____. *Decreto Estadual n. 26.796, de 20 de fevereiro de 1987*. Cria a Companhia de Desenvolvimento Habitacional e Urbano do Estado de São Paulo – CDHU.

_____. *Decreto Municipal n. 11.106, de 28 de junho de 1974*. Regulamenta as Leis n. 7.805, de 1º de novembro de 1.972 e n. 8.001, de 28 de dezembro de 1973, dispõem sobre a divisão do Território do Município em zonas de uso e regulando o parcelamento, uso e ocupação do solo, e dá outras providências.

_____. *Decreto n. 12.342, de 27 de setembro de 1978. Código Sanitário*. Regulamento da promoção, preservação e recuperação da saúde no campo de competência da Secretaria de Estado da Saúde (revisto e atualizado até dezembro de 1990) 4ª ed. São Paulo: Imprensa Oficial do Estado, 1991.

_____. *Decreto Estadual n. 21.592, de 3 de novembro de 1983*. Cria a Secretaria Executiva de Habitação do Estado de São Paulo e dá outras providências.

_____. *Lei n. 1.561/A, de 29 de dezembro de 1951*. Dispõe sobre Aprovação da Codificação das Normas Sanitárias para Obras e Serviços. Lex, Coletânea de Leis, São Paulo 1951.

_____. *Lei n. 5.261, de 14 de julho de 1957*. Estabelece coeficiente de aproveitamento de lotes, densidade demográfica, área mínima de lote por habitação e área mínima de espaços livres, e dá outras providências. Lex, Coletânea de Legislação, edição municipal, 1957.

_____. *Decreto n. 43.107, de 28 de fevereiro de 1964*. Regulamentando a Lei n. 483, de 10 de outubro de 1949, criando a Caixa Estadual de Casas para o Povo – CECAP – para financiar e construir casas populares.

_____. *Decreto n. 47.863, de 29 de março de 1967.* Dispõe sobre a criação do Conselho de Desenvolvimento da Grande São Paulo, do Grupo Executivo da Grande São Paulo – GEGRAN – e dá outras providências.

_____. *Lei n. 7.668 de 1971.* Aprova o Plano Diretor de Desenvolvimento Integrado – PDDI – do município de São Paulo. Fixa diretrizes gerais de zoneamento.

_____. *Lei n. 7.805, de 1 novembro de 1972.* Considerada a primeira lei de zoneamento da cidade a dispor sobre o parcelamento, uso e ocupação do solo do Município.

_____. *Lei complementar n. 94, de 29 de maio de 1974.* Dispõe sobre a Região Metropolitana da Grande São Paulo.

_____. *Lei n. 905, de 18 de dezembro de 1975.* Autorizando o Poder Executivo a constituir sociedade por ações sob a denominação de Companhia Estadual de Casas Populares (CECAP) – Lei de criação da atual Companhia de Desenvolvimento Habitacional e Urbano – CDHU

_____. *Lei n. 13.399, de 1º de agosto de 2002. Cria* as Subprefeituras da Cidade de São Paulo.

FONTES: PLANOS URBANÍSTICOS

PLNHAP – *Plano Nacional de Habitação Popular*, criado pelo Governo Federal para ditar a política nacional de habitação – 1973.

PMDI – *Plano Metropolitano de Desenvolvimento Integrado – PMDI*. São Paulo: Asplan S.A./Grupo de Planejamento Integrado S.A./Neves & Paoliello S/C Ltda., 1970.

PUB – *Plano Urbanístico Básico.* São Paulo: Prefeitura do Município de São Paulo, mar. 1969

ACERVOS

Arquivo do Estado de São Paulo

O Arquivo Público do Estado de São Paulo, hoje órgão pertencente à Casa Civil, teve sua trajetória histórica no processo de acumulação documental que podemos distinguir em dois momentos: o primeiro inicia-se em 1721, quando o Arquivo foi fundado enquanto instância administrativa da Secretaria de Governo da Capitania, o segundo momento já com o início da Repartição de Estatística e do Arquivo do Estado (Lei n. 116 de 1º de outubro de 1892), quando passaram a ser recolhidos documentos de origem bastante diversificada, provenientes tanto das Secretarias de Estado quanto do Poder Judiciário, assim como dos Cartórios, de Municípios e de natureza privada. Uma das principais funções do arquivo é recolher, tratar e disponibilizar ao público todo o material de caráter histórico e comprobatório produzido pelo poder executivo paulista.

Para a realização deste trabalho, foi feito um levantamento na coleção de Leis e Decretos (estadual, municipal e federal), pesquisa em jornais das décadas de 1960 e 1970, como o *Diário Popular*, a *Folha da Manhã*, o *Estado de São Paulo*. Destacamos também o uso de fotografias do jornal *Última Hora* e a leitura das revistas e boletins de engenharia, construção e urbanismo (www.arquivoestado.sp.gov.br).

Arquivo Geral de Processos do Município de São Paulo

O Arquivo Geral de Processos é vinculado à Prefeitura Municipal de São Paulo e tem como atribuição recolher, conservar e disponibilizar ao público o acervo de processos administrativos encerrados, dos exercícios de 1921 até hoje.

Neste conjunto documental, realizamos o levantamento nos processos de solicitações para construções de moradias e dos projetos da Cohab (Companhia Metropolitana de Habitação de São Paulo).

Arquivo Municipal de São Paulo

O levantamento e a pesquisa sobre a história de São Paulo foram realizados em busca da compreensão sobre a formação da estrutura urbanística constituída desde a fundação da cidade, e a sua contribuição fundamental para a formação dos bairros. O Arquivo Histórico da Cidade de São Paulo é a divisão responsável pela divulgação do valioso conjunto documental constituído por manuscritos, fotografias, mapas e plantas produzidos pela administração pública municipal desde 1555 até a primeira metade do século XX.

Bibliotecas da Graduação e do Pós-Graduação da Faculdade de Arquitetura e Urbanismo da USP (FAU-USP)

Nas coleções dos dois acervos da FAU-USP encontramos um grande número de revistas e boletins da época em foco. Contudo, o destaque é para a *Revista de Estudos sobre Urbanismo, Arquitetura e Preservação*, da série Urbanização e Urbanismo, e também para as teses e livros sobre o assunto.

Biblioteca Central e de Engenharia Civil da Escola Politécnica da USP

Sobre este acervo, valem as observações feitas sobre a FAU-USP. Aqui também encontramos algumas das fontes fundamentais desta pesquisa: *Revista Polytechnica*, Boletim do Instituto de Engenharia de São Paulo, Boletim de Informações do Instituto de Engenharia, Boletim da Repartição de Águas e Esgotos, Secretaria da Viação e Obras Públicas.

Biblioteca da Escola de Sociologia e Política

Além de outras obras que compõem o acervo, nosso levantamento voltou-se para a leitura dos artigos da coleção intitulada *Revistas da Escola de Sociologia e Política* entre as décadas de 1960 e 1980. Foram selecionados e estudados alguns artigos relativos à temática e período da presente pesquisa. Alguns números da revista possuem somente um exemplar.

Biblioteca Central da PUC-SP

Biblioteca da História e Geografia da USP

Biblioteca Municipal "Mario de Andrade"

Centro de Apoio à Pesquisa de História da USP

Cesad-FAU-USP – Centro de Coleta, Sistematização, Armazenamento e Fornecimento de Dados – Faculdade de Arquitetura e Urbanismo da Universidade de São Paulo

Cohab – Companhia Metropolitana de Habitação de São Paulo.

A Companhia Habitacional de São Paulo (Cohab-SP) foi criada em 16 de novembro de 1965 por meio da Lei Municipal n. 6.738. Em 1966, tem início as construções dos conjuntos habitacionais em diversas regiões paulistanas e em outros estados, sendo o primeiro conjunto habitacional denominado Capitão PM Alberto Mendes, localizado na região da Zona Leste e inaugurado em 1967.

Emplasa – Empresa Metropolitana de Planejamento da Grande São Paulo S.A.

A Emplasa tem como prioridade auxiliar tecnicamente a Secretaria de Economia e Planejamento do Estado de São Paulo realizando serviços referentes ao planejamento metropolitano e regional, reunindo dados e informações atualizadas visando a execução do planejamento com o intuito de contribuir para as funções públicas de interesse comum.

Seade – Fundação Sistema Estadual de Análise de Dados

A Fundação tem como principal atribuição coletar, organizar, analisar e divulgar informações técnicas e dados estatísticos, identificando a situação do desenvolvimento econômico e social do estado. O Sistema Estadual de Análise de Dados Estatísticos acompanha programas e projetos governamentais e informa sobre o seu andamento, divulgando para a sociedade informações técnicas sobre os procedimentos utilizados. A Fundação Seade foi instituída pela Lei n. 1.866 de 4 de dezembro de 1978, e as suas atribuições aprovadas por meio de um estatuto e pelo decreto n. 13.161, de 19 de janeiro de 1979.

agradecimentos

Muitos foram os amigos que de várias formas contribuíram para elaboração deste trabalho. Agradeço a todos pelo apoio, carinho, críticas, sugestões e incentivos quando de sua elaboração.

Em especial, à orientadora e Professora Dra. Denise Bernuzzi Sant'Anna, que acompanhou os diversos momentos e a redação final, oferecendo diretrizes e inúmeras observações críticas valiosas e decisivas para que o trabalho se concretizasse.

Aos professores do Programa de Pós-Graduação em História da Pontifícia Universidade Católica de São Paulo – PUC-SP – que contribuíram com ponderações teóricas e metodológicas.

Da mesma forma, agradeço também aos professores da banca de qualificação, Professoras Olga Brites e Leila Regina Diêgoli, que com rigor e respeito colaboraram com indicações para elaboração e conclusão da pesquisa.

Do mesmo modo, agradeço aos professores da banca examinadora, ao Prof. Dr. Carlos José Ferreira dos Santos, a Profa. Dra. Olga Brites, a Profa. Dra. Estefânia Knotz C. Fraga, a Profa. Dra. Leila Regina Diegoli, que com rigor e entusiasmo apresentaram suas críticas e sugestões para a publicação deste trabalho.

Especialmente, ao Prof. Dr. Carlos José Ferreira dos Santos, pela suas orientações, leituras criteriosas, opiniões e sugestões, bem como pelas informações e solidariedade quando dos momentos mais decisivos desta pesquisa.

Às instituições de fomento Fapesp e Capes, à PUC-SP e à Editora Alameda, agradeço o apoio e a dedicação no desenvolvimento e finalização desta pesquisa que ora é publicada.

Agradeço também aos funcionários responsáveis pelos acervos do Arquivo Geral de Processos do Município de São Paulo, que com muita disposição e atenção contribuíram para busca da documentação. Aos funcionários do Arquivo Histórico do

Município de São Paulo, às Bibliotecas da PUC-SP, Mário de Andrade e ao Programa de Pós-Graduação da FAU-USP.

Também aos funcionários do Arquivo Público do Estado de São Paulo, que com dedicação realizarão a reprodução da documentação para constar no livro, em especial aos técnicos e diretores do Departamento de Preservação e Difusão do Acervo.

Ao jornalista Rodrigo Herrero Lopes, pela oportunidade de apresentar este trabalho de pesquisa em entrevista para realização da publicação do livro intitulado Face Leste: revisitando a cidade, demonstrando aspectos de treze bairros da Zona Leste paulistana e com depoimentos de seus moradores.

Um agradecimento especial aos moradores da Zona Leste, do bairro Cidade Tiradentes, Guaianases e Sapopemba, que contribuíram para pesquisa com alguns depoimentos e informações sobre o cotidiano dos bairros e suas trajetórias.

De modo muito especial, ao precioso apoio e compreensão da minha família, aos meus pais, Sueli Aparecida Lucena Cordeiro e Jaci Batista dos Santos, aos meus irmãos Anderson Lucena Cordeiro, Cilene B. dos Santos e Cibele B. dos Santos, e aos meus queridos sobrinhos, Mayara, Beatriz, Bruno, Jorge, Samir e Guilherme, que entenderam minha ausência e colaboraram em momentos de concentração para os estudos e pesquisas.

In Memoriam
Hilda dos Santos Frugoli

Esta obra foi impressa em São Paulo no verão
de 2014 pela P3 Gráfica. No texto foi utilizada
a fonte Bembo em corpo 11,25 e entrelinha de
15 pontos.